실학자들은 우리나라 역사지리를 어떻게 보았는가

동북아역사재단
교양총서 06

실학자들은 우리나라 역사지리를 어떻게 보았는가

박인호 지음

동북아역사재단
NORTHEAST ASIAN HISTORY FOUNDATION

간행사

 우리나라를 둘러싼 동북아 지역의 역사 갈등은 여전히 한창이고, 점점 심화되고 있습니다. 우리 동북아역사재단은 2006년에 동북아 지역의 역사 갈등을 미래 지향적으로 해결하고, 나아가 역내 평화체제를 구축하려는 목적으로 출범하였습니다. 이때는 항상적으로 제기되고 있던 일본의 역사 왜곡에 더하여 고구려, 발해 역사를 둘러싸고 중국과 역사 분쟁이 일어났습니다.

 한국과 일본 사이의 역사 문제는 19세기 말 일제의 침탈과 식민지배 때부터 있어왔습니다. 지금도 일제의 식민지배에 대한 진정한 사죄와 일본군'위안부' 문제, 전쟁에의 강제 동원과 수탈, 독도 영유권 등을 둘러싸고 논쟁과 외교 마찰이 일어나고 있습니다. 중국은 개혁·개방 이후 급속하게 경제 발전을 이루면서 체제를 안정시키고 선린외교에 주력하였으나, 주변국과의 관계에서 주도권을 잡고자 하는 과정에서 자연스럽게 역사 문제를 둘러싸고 이웃과 대립하게 되었습니다. 그중 동북 3성 지역의 역사에 대해서는 이른바 '동북공정'을 통하여 중국 영토 안에서 일어났던 역사를 모두 자국 역사 속에 편입하고자 함으로써, 우리의 고대사(고조선, 부여, 고구려, 발해 등)와 충돌하게 되었습니다.

우리 재단은 이런 역사 현안을 우리 입장에서 연구하면서, 다른 한편으로 우리 국민이나 다른 나라 사람들이 우리의 연구 결과를 같이 공유하고, 이를 쉽게 알 수 있도록 교양 수준의 책을 출간하게 되었습니다. 한·중·일 역사 현안인 독도, 동해 표기, 일본군'위안부', 일본역사교과서, 야스쿠니신사, 고조선·고구려·발해 및 동북공정 관련 주제로 우리 재단 연구위원을 중심으로 재단 외부 전문가들로 필진을 구성하였습니다.

모든 국민이 이 교양서들을 읽어 역사·영토 현안을 올바르게 인식하고, 나아가 우리가 동북아 역사 갈등을 주도적으로 해결하여 평화체제를 이룩하는 데 주역이 되기를 바랍니다.

동북아역사재단
이사장

책을 내면서

조선 후기 역사지리를 연구했던 실학자들은 자신의 사회 개혁과 부국강병의 생각을 역사지리 연구에 투영했다. 이에 따라 조선 전기 관부학자들에 비해 대체로 국가의 계승과 수도의 변천, 종족의 행방과 지명의 변동, 지역의 산물과 관방시설에 더 큰 관심을 표명했다.

실학자들이 현실 지리에 대한 관심을 과거사에 투영했을 때는 역사지리의 구체적인 고증으로 나타났다. 이에 따라 과거 우리나라 고대사의 영역에 대해서는 조선 전기에 비해 요동 지역으로 확장하여 비정하는 양상으로 나타났다. 국가 계승관에서는 부여와 고구려가 부각되면서 요동 지역에서 명멸했던 여러 국가들도 우리 역사 속에서 다뤄지게 되었다. 또한 단군과 기자, 삼한 등 삼국 이전에 존립했던 국가도 조선 전기보다 더욱 뚜렷하게 우리 역사 속에 자리 잡게 되었다.

한편 조선 중기 이후 차츰 보수화되었던 성리학의 풍토 속에서 전통 유학자 계열에서는 국가적 계승관계에서 단군보다 기자가 중시되고 삼한에서도 마한 중심론적인 사고가 자리 잡게 되었다. 그럼에도 불구하고 학문적 독립성을 지닌 역사지리 분야에 대한 연구에서는 한백겸을 필두로 매우 다양하게 논의가 전개되었다. 우리는 이 시대 실학자들의 다양한 역사지리에 대한 논의를 통해 특정 세력이나 이념을 넘어서는 역사지리학에서의 학문적 발전이 있음도 확인할 수 있다. 이 책에서는 다양한 사고의 향연을 통해 이 시기 실학자들의 풍성한 학문적 수준을 확인해보고자 한다.

 실학자들은 후기로 갈수록 민족적 자각과 국가 영역에 대한 관심이 높아지고 있었다. 실학자들은 강토, 강역, 봉역 등으로 표시되는 영토의식을 통해 과거 우리 역사의 자존심을 회복하려고 했다. 실학자들이 중심이 된 이러한 역사 연구와 지리 고증은 양반 사대부의 잡기로서가 아니라 전문적인 연구의 결과물이었다. 중국과의 교류가 확대되면서 자료의 수집이나 해석이 풍부해지고 고증적인 연구 방법을 도입하면서 엄밀한 사료 비판이 이루어져 실학자들은 이전과 다른 연구 결과를 산출했다. 우리는 조선 후기 사상계를 주자학에 매몰된 고루한 사회라고 말하지만 실학자들의 역사지리에 대한 다양한 시각을 확인해보는 것도 일반 대중의 교양 지식을 확대하는 데 기여할 것으로 생각된다.

　이 책은 일반 대중을 위한 교양 도서로 기획되었다. 필자가 기존에 발표했던 논문을 일반 독자가 좀 더 쉽게 읽을 수 있도록 일부 내용을 수정·보충하여 정리했다. 각주는 달지 않기로 했다. 학술적 측면에서 관련 내용을 더 자세히 살펴보고 싶다면 참고문헌에 수록된 필자의 논문과 선학들의 서적을 같이 참고하기 바란다.

2021년 3월
박인호

차례

간행사 4
책을 내면서 6

제1장 중국 청과 일본 에도막부의
우리나라 역사지리에 대한 인식
1. 청대의 우리나라 역사지리에 대한 인식 12
2. 에도시대의 우리나라 역사지리에 대한 인식 30

제2장 청·일과의 국경 충돌과
실학자들의 영토에 대한 관심
1. 조·청, 조·일 간 국경을 둘러싼 충돌 48
2. 실학자들은 국경을 어떻게 보았는가 58

제3장 조선 후기의 역사지리에 대한
학문적 접근의 추이
1. 실학자들은 왜 역사지리 연구에 관심을 가지게 되었는가 68
2. 실학자들의 역사지리 연구는 어떻게 진행되었는가 73

제4장 **실학자들의 우리나라 역사지리에 대한 인식**
   1. 16~17세기 실학자들의 역사지리 인식   84
   2. 18세기 실학자들의 역사지리 인식   118
   3. 19세기 실학자들의 역사지리 인식   162

제5장 **실학자들의 현실 대응 자세와 역사의식**
   1. 실학자들의 역사의식은 어떠하였는가   207
   2. 실학자들의 역사지리 연구가 이룩한 학문적 업적   214

참고문헌 219
찾아보기 221

제1장

중국 청과 일본 에도막부의
우리나라 역사지리에 대한 인식

1
청대의 우리나라 역사지리에 대한 인식

전통시대 중국의 대조선 역사지리 인식

한반도는 중국이 동쪽으로 확대해나가는 과정에서 닿는 종착지이므로 예부터 전국을 단위로 하는 중국 지리서의 한 부분에는 반드시 우리나라에 대한 지리 정보가 수록되었다. 그러나 그 정보의 수준이 정확하다거나 정보의 양이 많은 것은 아니었다. 조선 전기에 명나라 사신들이 조선에 오면서 방문기를 간행했으나 대부분 시문을 중심으로 하고 있어 역사지리에 대한 인식은 그 전대에 비해 크게 달라진 모습을 확인하기 어렵다. 명나라 초기 『대명일통지』, 『요동지』 같은 전국을 대상으로 하는 지리서가 간행되었으나 『동국여지승람』에서 보여주었던 조선 학인들의 역사지리에 대한 인식 수준을 크게 뛰어넘는 것은 아니었다.

그런데 중국에서 만주족의 청이 등장하면서 중국인들의

대조선 역사지리 인식에 일정한 변화가 나타났다. 중국의 지리서 가운데 특히 원대에 편찬된 『요사』, 『금사』와 함께 청대에 편찬된 『성경통지』와 『대청일통지』에는 요동을 포함하여 한반도 지역에 대한 매우 색다른 내용을 담고 있으며, 이는 당시 중국인들의 조선에 대한 인식을 일정하게 반영하고 있다.

전통시대 중국은 각 정사의 외국열전에 조선, 고구려, 백제, 신라, 고려 등의 항목을 설정하여 우리나라가 중국과는 구별되는 별도의 세계임을 보여주었다. 그런데 요, 금, 원과 같은 북방의 이민족 정복왕조가 등장하여 한때 요동 일원을 장악했던 조선 민족과의 관계를 설명하면서 기존의 인식 틀에서 벗어나는 내용이 차츰 등장하게 되었다. 특히 원대에 편찬된 『요사』와 『금사』에서는 거란족과 여진족의 원류를 설명하면서 자연히 요동에서 명멸했던 조선 민족과의 연관성을 강조하게 되었으며, 그 결과 자료에 따라 서로 다른 내용이 나오게 되었다.

만주족에 의해 건국된 청나라도 자신들의 민족적 원류를 요동에 설정하면서, 자연히 한때 요동을 차지했었던 조선 민족의 영역 서술과 겹치게 되었다. 이에 따라 만주족의 원류를 서술하는 과정에서 거주 지역과 관련해 조선 민족과 혼합되어 나타나는 문제점을 야기하기도 했다. 그 결과 청대의 대조선 역사지리 인식은 이전에 기술된 외국열전의 내용과도 구별되는 양상을 보이게 되었다.

청대 중국의 대조선 역사지리 인식을 대표적으로 보여주는 서적으로 『성경통지(盛京通志)』, 『대청일통지(大淸一統志)』, 『만주원류고(滿洲源流考)』를 들 수 있다. 원대에 저술된 『요사』와 『금사』는 거란족과 여진족의 역사를 요동 지역에서 주류로 부각시키고자 했으며, 그 결과 우리나라 상고 시기 요동에서의 역사가 요와 금의 부수적인 위치로 떨어지게 되었다. 즉 우리나라 상고 시기 여러 군소국가들이 요와 금의 역사 진행에 있어 변두리에서 생성되고 전개된 것으로 그려진 것이다. 『요사』와 『금사』는 이를 위해 억지로 우리나라 사서에 나오는 삼한과 삼국 관련 옛 지명들을 요동 일원으로 끌어들였다.

한족이 집권했던 명대에는 조선의 공식 간행물인 『동국여지승람』의 기록을 대체로 수용하는 입장이었다면, 만주족이 집권했던 청대에는 요동 지역에 대한 인식이 크게 변화된 모습을 보여주고 있다. 그 가운데 지리서로는 전국성 통지로 편찬된 『대청일통지』, 지방지 가운데는 청대에 편찬된 동북 지방의 통지라고 할 수 있는 『성경통지』, 민족지로서는 『만주원류고』가 주목된다.

『성경통지』의 대조선 역사지리 인식

청대에는 관부에서 편찬한 동북지구에 대한 통지인『성경통지』가 여러 차례 편찬되었다. 첫 번째 편찬은 1684년(청 康熙 23) 이파한(伊把漢), 동병충(董秉忠) 등에 의해『성경통지』32권과 수1권으로 간행되었다. 1711년에 보각되어 재간행되었다. 초판본에 대한 수정 작업이 이어지면서 1734년(청 雍正 12) 33권의 초본이 편찬되었으나 간행에 이르지는 못했으며, 1736년(청 乾隆 1) 여요증(呂耀曾), 왕하(王河), 위추(魏樞) 등에 의해 그 초본이 수정되어 48권, 수1권으로 간행되었다. 이어 1748년(청 乾隆 13)에는 왕유돈(汪由敦) 등에 의해 32권, 수1권으로 재편찬되어 간행되었다. 1778년에는 아계(阿桂) 등이 수정 작업을 진행하여 1784년 130권, 수1권으로 완성되었다. 아계의 수정본은 무영전본으로 간행되었으며, 기윤(紀昀) 등에 의해 수정이 이루어져 사고전서에 수록되기도 했다.

최종적으로 완성된『흠정성경통지』는 건치연혁에서 당(唐)·우(虞) 이래 명(明)에 이르기까지 성경의 연혁을 적고 있다. 그런데 조선과 관련하여 자주 언급되었던 곳은 봉천부 소속의 군현이다.『흠정성경통지』권23, 〈역대건치연혁고〉는 우공(禹貢)에서부터 청 당대에 이르기까지의 성경의 연혁을 정리하고 있다. 요동 일원은 한사군의 일부로 편입되었다가 다

雷以諴 補刻本,『盛京通志』,〈奉天將軍所屬形勢圖〉
국립중앙도서관 소장, 한고조64-45, 首卷 54, 55면

奉天將軍所屬形勢圖

시 고구려에 속하게 된 것으로 보고 있다. 이에 덧붙여 유송 때는 백제가 바다를 건너 요서를 장악했으며, 당나라 초기에는 신라가 길림 일대를 장악했던 것으로 적고 있다. 발해에 대해 비록 『요사』의 기록을 비판하고 있다고 하더라도 봉천부 해성현을 남경남해부로, 개원현과 길림의 서남쪽 일대를 상경용천부로, 수암성과 봉황성 일대를 동경용원부로, 광녕현과 의주 일대를 중경현덕부로 보는 등 요동을 중심으로 비정하고 있다. 한편 금주부의 금현 지역을 상대(商代)의 고죽국이라 적고 있으며, 삼한은 지금의 봉천 동북쪽 길림 일대의 땅을 차지하면서 조선과 경계를 접하고 있었다고 기술했다.

『성경통지』의 대조선 지리 인식을 구체적으로 보여주는 것은 사고전서본 권28에 수록되어 있는 〈고산천부고(古山川附考)〉이다. 이것은 옛 전적에 나오는 요동 산천의 이름을 정리한 것으로, 지리 비정에서 가장 오류가 많은 부분이기도 하다.

그 내용을 살펴보면, 먼저 개마대산은 개평과 해성 사이에 있었던 것으로 비정했다. 대방산에 대한 기록에서 한사군의 대방 위치를 봉천부 일대로 보았다. 당 태종이 고구려 안시성을 공격하면서 주필했던 주필산은 『당서』에 기록된 주필산, 개평 동쪽 110여 리 분수령 여러 산, 해성 서남쪽 10리 거가산 등이 모두 당 태종이 주필한 산이라고 적고 있다. 발해가 개국한 동모산은 『대명일통지』의 심양위성 동쪽 20리에 있다는 기록을 근거로 천주산(天柱山)으로 추측했다.『구당서』의 계루부 동모산이라는 기록을 근거로 계루는 고구려의 부명으로『신당서』나『요사』의 기록과는 다른 점이 있다고 했다. 신라산(新羅山)에 대한 안설(按說)에서도 신라산은 철령과 개원 사이에 있으며, 개원은 한나라 때 부여 지경으로 백제의 구국이며,『문헌통고』에서 신라 서북계가 고구려와 백제 사이를 지난다고 한 것은 이것을 말한다고 적었다. 열수는 대방과 관련하여 요동 일원에 있었던 것으로 보았다. 그리고 옥저국은 해성현 이동에서 장백산 이서에 이르는 것으로 비정했다. 읍루국도 봉천부 승덕현, 길림, 영고탑 등으로 넓게 비정했다.

이러한 내용을 종합해볼 때『성경통지』에서는 우리나라 상고기 지명을 요동 중심으로 비정하고 있다. 다만 옥저, 읍루, 삼한, 발해 등은『요사』보다 차츰 길림 쪽으로 옮겨가고 있다.

그런데 일부 조선 학인들은『성경통지』의 이러한 기사 내용을 자의적으로 해석하여 한사군이 모두 요동에 있었던 것으로 파악하기도 했다. 또한 조선 학인들은 금주부의 고죽국 기록을 기자와 관련된 고죽국으로 이해함으로써 이곳을 기자의 유적지로 해석했다.『성경통지』가 조선에 수용된 것은 남구만의『약천집』〈성경여지도기〉에 의하면 1697년 사신이 귀국하면서 들여온 것이라고 했으므로 이때 이미 1684년(청 康熙 23) 간본의『성경통지』가 수용된 것으로 생각된다. 그 이후

『성경통지』는 여러 차례 간행되었으며, 이 역시 조선에 차례로 도입되면서 우리나라 상고기의 강역을 요동 일원으로 넓게 비정했던 숙종 대 이후 조선 학인들에 의해 적극적으로 수용되었다.

『대청일통지』의 대조선 역사지리 인식

『대청일통지』는 청대 전국을 포함하는 종합적인 지리서로 전후 세 차례의 칙찬이 행해졌다. 강희제의 칙령으로 편찬을 시작하여 1743년(청 乾隆 8) 356권으로 완성되어 무영전판으로 출판되었다. 그 뒤 1764년 칙명을 받아 증정 작업을 시작하여 1784년에 수정 작업이 끝나 1790년 424권의 무영전판으로 출판되었으며, 이것의 500권 석인본이 일반적으로 통행되었다. 가경(嘉慶) 시기에 시작한 증정본은 1842년(청 道光 22)에 560권, 범례 2권으로 완성되었다.

청대에 편찬된 『대청일통지』는 전국지이기 때문에 『대명일통지』보다 좀 더 자세하다고 하더라도 다른 지리서에 비해 요동과 조선에 대한 기술이 간략하다. 성경과 흥경 일대의 연혁을 정리한 〈성경표〉와 〈흥경표〉에 따르면 한나라 때 요동군과 원도군의 일부를 구성했으며, 그 뒤 고구려 땅에 속한 것으로 정리하고 있다. 발해의 강역은 길림, 오랍, 영고탑 및 조선의 땅으로 비정하면서 『요사』의 기록을 비판했다.

『흠정대청일통지』는 조선과 관련하여 권421에 별도의 한 편목을 구성하고 있다. 조선조의 건치연혁에서는 주나라가 기자를 봉한 이후 조선 8도 및 주요 성보(城堡)에 이르기까지의 연혁을 적고 있다. 그외 여러 자료들을 이용하여 풍속·산천·고적 등을 정리하고 있으며, 그 가운데 고적조에서는 기자고도, 고옥저지, 고부여국, 고고구려국, 고삼한지, 고백제국, 고신라국, 고휴인국, 고예맥국, 고탐라국, 고비류국, 정읍진, 벽제관, 숙녕관, 기자묘 등을 기록하고 있다.

조선편 가운데 특이한 내용을 살펴보면, 기자의 고도이자 위만이 기준을 내쫓고 도읍을 세웠다는 왕험성(王險城)을 평양으로 비정하면서도 당나라 사마정의 『사기색은』을 인용하여 요동에 험독현이 있었으며, 그것이 조선 왕의 옛 도읍이라는 주석을 덧붙이고 있다. 고구려와 관련하여 함흥부 동북에 있었던 고고구려국(古高句驪國)과 한나라 고구려현을 구별했다. 옥저는 『문헌통고』를 인용하여 개마대산 동쪽으로 큰 바다에 임한 지역으로 비정했다. 삼한은 황해·충청도를 마한 구지로, 경상도를 진한 땅으로, 전라도를 변한 땅으로 비정하고 있으며, 고백제국은 전라도에, 고신라국은 경상도에, 고휴인국은 신라 동쪽에, 고예맥국은 강원도에 각각 비정했다. 고비류국은 『요사』에 따라 정주(正州)로 비정했다.

이 가운데 만주 일원에 옛 고구려의 영역을 비정한 것은 동 시기에 편찬된 지리서의 인식관과 유사한 모습을 보여주고 있으나, 압록강과 두만강 이남의 고적에 대한 기록에서는 중국의 초기 정사 자료와 『통전』, 『문헌통고』 등을 근거 자료로 삼으면서 같은 시기에 나온 『성경통지』와 다른 인식관을 보여주고 있으며, 결과적으로 기자와 삼한 이래의 역사 진행을 한반도 안으로 끌어들이고 있다.

『대청일통지』가 조선에 수용된 양상을 보면 18세기 후반부터 역사지리학자와 지도학자들에 의해 광범위하게 수용되었다. 이만운은 『기년아람』과 『증정문헌비고』를 편찬하면서 『대청일통지』를 지리 비정과 관련하여 새로이 인용하고 있으며, 북학파 학자들과 19세기 전반의 성해응·홍경모, 19세기 후반의 김정호 등도 지리 고증과 관련하여 『대청일통지』의 내용을 적극적으로 수용하고 있다. 그러나 19세기 전반 이후 고증적 연구가 심화되면서 일부 학자들에 의해 차츰 『요사』와 함께 지리 비정에 오류가 많은 대표적인 책으로 비판받기도 했다.

『만주원류고』의 대조선 역사지리 인식

『성경통지』, 『대청일통지』와 같은 시기에 편찬되었고 유사한 인식을 보여주면서도 당시 조선 학계에서 그다지 언급되지 않았다가 일제 시기에 크게 주목받은 책이 『만주원류고』이다.

『만주원류고』는 만주족이 자신들의 민족적 뿌리를 찾기 위해서 아계(阿桂) 등이 칙명을 받아 편찬한 책으로 1778년(청 乾隆 43)에 완성되었다. 당시 아계는 『성경통지』를 수정하라는 칙명을 이미 받은 상황에서 그보다 먼저 『만주원류고』를 편찬하라는 칙명을 1777년에 받아 1년 만에 편찬을 끝냈다. 그러고 나서 『성경통지』를 수정했다. 그 결과 1784년에 나온 『성경통지』는 『만주원류고』와 내용이 유사하게 되었다.

『만주원류고』의 부족조에 있어서는 부여, 읍루, 삼한, 물길, 백제, 신라, 말갈, 발해, 완안, 건주 순으로 숙신과 관련된 자료들을 열거하고 이에 사론을 덧붙여 그 원류를 해명하려고 했다. 이는 만주족의 종족적 계통을 파악하고자 한 것이나 실제로는 여진족의 역사 진행에 부여, 읍루, 삼한, 발해 등 민족적 성분이 완전히 다른 부족들을 그 첫머리에 집어넣은 것이다. 결과적으로는 이들 여러 부족이 여진족 가운데 하나의 변방족으로 귀결되고 있다. 또한 사론에서 길림(吉林)을 신라의 계림주(鷄林州)로, 신라는 김성(金姓)이므로 금(金)의 원파(遠派)라고 추정하고 있듯이 대부분 언어와 음성적인 유사성을 근거로 결론을 내리고 있어 학문적 신빙성이 상당히 떨어진다.

강역조에서는 흥경·길림뿐만 아니라 부여, 읍루, 삼한, 옥저, 물길, 백제, 신라, 발해 등의 국가까지도 포괄하여 언급하고 있다. 부족조에서 적었던 것과 마찬가지로 이들 국가들을 대체로 만주에서 활동했던 것으로 간주함으로써 청나라 발전의 전사로서 정리했다. 강역조도 결과적으로는 영역이 전혀 다른 별개의 국가 활동을 하나의 범주에 넣어 자의적으로 정리한 것이라고 할 수 있다.

강역조의 내용을 중심으로 우리나라 상고사와 관련된 부분들을 살펴보면 다음과 같다. 먼저 숙신의 영역을 길림·영고탑·흑룡강 일대로 비정하고서 부여는 원도군의 북쪽에 있었으며, 원도군은 해성·개평·복주 등에 있었다고 했다. 그리고 개원(開元) 이북의 천여 리를 모두 부여 땅으로 보았다. 부여의 왕성은 통주인데 철령 동북의 금산 일대로 비정했다. 읍루는 숙신과 그 영역을 같이하나 서로 다른 곳은 개원현으로 처음엔 숙신에 속했다가 부여국의 지경이 되었다고 했다. 삼한에 대해서는 마한은 지금의 개평·복주·영해로, 진한은 부여 지경과 접한 것으로, 마한·변한의 남쪽 강역은 한반도 전체를 아울렀고, 서북쪽으로는 무순성(撫順城) 일원까지 미쳤던 것으로 보았다. 그리고 옥저와 예에 대해 옥저는 지금의 와집(窩集)이고, 예 땅은 봉황성에서부터 조선까지 이른 것으로 적고 있다.

백제는 서북쪽으로 지금의 광주·영주·금주·의주 4개 주에서부터 남쪽으로는 바다를 지나고 동쪽으로는 조선의 황해·충청·전라도에 미쳤으며, 국도도 요서에 있다가 후일 양천감 때에 남한으로 천거한 것으로 보았다. 신라는 동남쪽으로는 조선의 경상·강원도를 차지하고, 서북쪽으로는 길림·오랍에 이르고, 서쪽으로는 개원·철령에 가까우며, 신라 9주는 동쪽으로 길림에, 서쪽으로는 광녕까지 이르렀다고 했다. 그리고 발해의 강역은 길림과 영고탑 일원에 그 중심지를 비정하고 있다.

이러한 인식은 산천조에서도 관철되어 상고사에 나오는 조선과 관련된 지명을 만주에 비정하고 있다. 발해가 일어난 동모산을 승덕현성 동쪽 20리의 천주산(天柱山)으로 추정한 것, 단단대령을 장백산으로 비정한 것, 환도산을 발해의 환도현으로 압록강구에서 630리를 거슬러 올라간 곳으로 비정한 것, 헌우락을 해성현 서남쪽 60리에 있는 니하로 비정한 것 등이 그러하다.

그런데 자료로는 『요사』와 『금사』를 주로 인용하면서도 발해 주현의 명칭이 혼효된 것을 지적한 점, 발해의 강역을 길림·오랍·영고탑 및 조선 일대로 비정한 점, 대이진(大彝震)이 칭호를 개원했다는 기록을 비판한 점 등은 『요사』에 대한 비판의식을 드러낸 것이다.

요컨대 『만주원류고』에서는 자신들의 원류족이라고 할 수 있는 숙신족이 길림·영고탑·흑룡강 일원을 장악했던 것으로 정리했다. 그외 부여, 삼한, 옥저, 예, 신라, 백제, 발해 등의 국가들이 길림 일대와 한반도에 분포했다고 적었다. 그런데 이와 같이 여진족의 상고사를 요동과 한반도 일원의 초기 국가들과 접목시키고 있으나, 자신들의 발상지를 장악하고 있던 고구려는 오히려 의도적으로 삭제했다. 따라서 만주 지역의 역사적 주인공으로서 여진족을 부각시키려는 의도에서 자의적으로 편찬한 책이 『만주원류고』이다.

19세기 전반에 조선에서 역사지리에 대한 고증적인 연구가 한층 진전되면서 중국의 여러 지리서가 다양하게 이용되었으나 『만주원류고』는 국내 연구서에서 거의 인용되지 못했다. 『성경통지』와 내용상 큰 차이가 없음에도 불구하고 조선 학인들에게 그다지 인용되지 못한 이유는 『성경통지』나 『대청일통지』가 지지적 측면에서 작성된 것이라면, 『만주원류고』는 만주족을 미화하려는 종족적 측면이 강했기 때문인 것으로 생각된다.

이 책은 조선 후기보다 오히려 일제 시기에 주목을 받았다. 만주국을 중국과 분리시킴으로써 일본 제국주의의 만주 진출을 정당화하는 침략논리를 개발하는 데 열중했던 일본의 동양사학자들은 『만주원류고』를 자신들의 주장을 뒷받침할 수 있는 중요한 근거로 활용하려고 했기 때문이다. 한편 일부 민족진영의 학자들도 『만주원류고』의 내용에 주목했다.

만주 일원에 부여, 삼한, 예, 맥, 옥저, 신라, 백제, 발해 등의 국가적 변동을 정리한 『만주원류고』의 내용은 과거의 지배 영역을 만주 일원으로까지 넓혀보려는 생각을 뒷받침해줄 수 있었기 때문이다. 여기에는 당시 만주를 독립운동의 근거지로 삼고자 했던 민족진영의 현실적인 이유와도 맞물려 있다.

조선의 명·청대 지리서 수용

조선 전기에는 상고 시기의 역사를 한반도 중심으로 이해하려고 했으나, 조선 중·후기에는 한반도 바깥의 지역으로까지 상고사의 영역을 확대하려고 했다. 이러한 관심의 변화와 관련하여 명·청대 편찬된 지리서들의 대조선 역사지리 인식도 달라졌다. 조선 전기에는 중국의 각 정사 외국열전의 조선 항목 외에 명나라 건국 사업의 부산물로 나온 『대명일통지』의 관련 부분과 명나라 초기에 편찬된 『요동지』가 주목되었다. 15~16세기 조선에서 대표적인 중국 지리지로서 수용되었던 『대명일통지』의 대조선관은 후대 역사지리를 연구하는 학자들에게 기본 자료로 이용되었다. 그런데 『대명일통지』에서는 단정적인 기술보다 여러 내용 들을 수록하는 선에서 그쳤기 때문에 관련 조항의 내용들이 후대 조선 학인에 의해 자의적으로 해석되기도 했다. 그리고 요동 지역에 대한 일부 지명의 고증에서는 우리나라 고대사의 지역명을 비정할 생각을 일으킬

수 있는 언급이 있었다.

한편 조선 중·후기에는 중국의 정사 가운데 『요사』와 『금사』가, 지리서로는 전국성 통지로 편찬된 『대청일통지』가, 지방지 가운데는 청대에 편찬된 동북 지방의 통지라고 할 수 있는 『성경통지』가 주목되었다. 17~18세기 조선에 활발히 수용되었던 『요사』, 『성경통지』, 『대청일통지』 등은 비록 『요사』의 잘못된 기술을 바탕으로 조선의 역사지리를 기술했다 하더라도 우리나라 상고사의 강역을 확대하여 해석할 수 있는 여러 구절을 수록하고 있었다. 따라서 당시 조선의 역사지리를 연구했던 많은 학자들은 이들 지리서로부터 많은 영향을 받았다. 유형원 이후 남구만, 이세구, 김륜, 이돈중, 신경준, 이만운 등에 이르기까지 이 시기에 역사지리를 연구했던 많은 인물들은 이러한 지리서들을 긍정하는 관점에서 접근했다. 그러한 경향이 광범위하게 인정받고 있음은 영·정조 대 국가 차원에서 편찬한 일종의 백과사전인 『동국문헌비고』와 『증정문헌비고』 「여지고」에서 이 자료들을 적극적으로 취신하여 인용한 점에서 살필 수 있다. 따라서 17~18세기에는 이들 지리서의 내용을 수용하는 관점에서 접근했다고 하겠다.

19세기 이후 이러한 경향을 잇는 측에서는 청대 지리서들을 긍정적으로 수용한 반면, 그 내용을 부정하는 입장을 취한 인물들도 있었다. 국내 학자 가운데 박지원, 유득공, 성해응,

홍경모, 김정호 등은 청대 지리서를 긍정하는 입장에서 접근하여 역사지리 연구에 적극적으로 활용했다. 대체로 북학계열에서는 요동 지역에 대한 높은 관심과 함께 청대 지리서의 내용을 취신하는 입장을 취했다.

그러나 19세기에 들어와 역사지리에 대한 고증적 연구가 한층 정밀해지면서 일부 학자들은 과거의 영역에 대해 이전과는 다른 인식을 보여주고 있다. 이는 조선 중기 이후 큰 영향을 미쳤던 『요사』, 『대청일통지』, 『성경통지』 등 중국 지리서에 대한 비판적인 인식과 밀접하게 연관되어 있다. 청대 출판된 지리서에서 보여주는 강역 인식은 우리나라 상고사를 여진족의 역사로 집어넣을 위험성이 있었다. 이러한 위험성을 지적하고 의문을 제기했던 일군의 연구자들이 19세기부터 학계에서 하나의 세력을 키워나가기 시작했다. 바로 이러한 경향성을 보여주는 이들이 정약용, 한진서, 윤정기 등이었다.

그런데 정약용 등의 연구가 개화기 역사지리 연구를 주도했던 김택영, 장지연 등에게 직접적인 영향을 미쳤다는 점에서 개화기에는 『요사』나 『성경통지』 등의 역사지리 인식이 부정되었다고 평가할 수 있다. 그러나 일본 제국주의의 민주 침략정책을 정당화하기 위해 고심하고 있던 식민주의 학자들은 만선사관의 측면에서 만주를 재발견하려고 했으며, 그 과정에서 『만주원류고』와 같은 자료들을 활용하기도 했다.

2
에도시대의 우리나라 역사지리에 대한 인식

전통시대 일본의 대조선 역사지리 인식

　전통시대 일본인들의 한국에 대한 인식은 크게 두 가지로 나누어 볼 수 있다. 하나는 한국에 대해 끊임없이 연모(戀慕)의 정을 보였다는 것이고, 다른 하나는 한국에 대한 우월의식에서 끊임없이 시혜를 베풀었다는 인식이다. 전자의 인식은 국내에 상대적으로 많이 소개되었기 때문에 우리는 일본인들이 항상 한국을 공경해왔다고 생각하지만, 실제 일본인들의 인식은 오히려 후자에 가깝다.

　후자의 시혜론적 인식의 출발점은 『일본서기(日本書紀)』에 나오는 진구(神功)황후의 삼한 정벌에 대한 신화이다. 오늘날 일본의 일반인들이 보는 주석본에는 거의 대부분이 시기의 차이는 있지만 일본에 의한 조선 경영을 표현한 것으로 받아들이고 있다. 물론 이 기사의 신빙성에 대해 최근 일본 학계에서는 3세기 초에 이러한 출병이 있을 수 없다고 지적하고 있다. 그러나 이 기사는 이후 일본과 한국의 종속관계를 설명할 때마다 역사적 증거로서 일본 측에서 제시한 논거였으며, 한국에 대한 우월의식의 원형을 이루었다. 문제는 허구로 가득한 이 기사를 역대 일본인들이 옳고 그름을 따지지 않고 역사적 사실로 인식하고 있다는 점이다.

우리나라의 역사를 왜곡한 자취로서 가장 이른 것으로는 『고사기(古事記)』(712)와 『일본서기』(720)가 편찬된 시기로 거슬러 올라간다. 3세기 초 진구황후의 한반도 정벌 기사와 '임나=가야'이며 야마토(大和) 정권이 369년에 출병하여 가야제국을 정복하고 임나를 통치하기 위한 임나일본부를 두었다는 내용을 『일본서기』에 기술하고 있다. 신탁을 받은 진구황후가 먼저 신라를 정벌하고 이어 백제와 고구려까지 정벌하여 한반도의 삼국을 정복했으며, 이후 삼국은 일본에 조공하기로 맹세했다는 것이다. 그리고 『고사기』와 『일본서기』의 한일관계 기록에서는 한반도의 삼국이 일본에 조공을 보낸 것으로 왜곡하여 기술하고 있다. 이들 책에서는 고대 한국에서 전파된 귀중한 문화적 내용을 없애거나, 심지어 신화나 전승의 형태로 일본에서 역으로 한반도에 문화를 전파한 것으로 왜곡하고 있다.

나라(奈良)시대(710~794)를 정리한 『속일본기』(797년 완성)에는 통일신라와 발해 관련 기사가 수록되어 있는데 일본의 우월적 지위를 확인하는 내용으로 기술했다. 그러나 『삼국사기』에 기록된 당시 신라와 일본의 관계는 그렇지 않다. 오히려 나라의 귀족들은 한반도와의 교역을 통해 신라·발해의 문화를 받아들였을 뿐만 아니라 그들을 매개로 당나라 문화를 수용하는 데 적극적이었다.

헤이안(平安)시대(794~1185)에는 757년에 이미 죽은 당나라의 안녹산이 일본을 공격해올 것이라고 하면서 그 방위책의 일환으로 신라를 공격해야 한다는 주장이 나왔다. 이것도 역사를 왜곡하여 이용한 사례라 할 것이다. 가마쿠라(鎌倉)막부시대(1185~1333)에는 왜구가 고려를 침략하는 일이 빈번했지만 이에 대해 역으로 고려군이 일본을 내습한다는 풍문이 전해져서 대책을 마련해야 한다는 주장이 제기되기도 했다. 무로마치(室町)막부시대(1336~1573)의 왜구 침입, 대마도 정벌이나, 아즈치모모야마(安土桃山)시대 도요토미 히데요시(豊臣秀吉) 정권의 조선 침략 등 한일 간 문제가 발생할 때마다 왜곡된 진구황후 전설을 들면서 조선을 조공국으로 간주하는 주장이 제기되었다.

17~19세기 중반 도쿠가와(德川)의 에도(江戶)막부시대(1603~1867)에는 통신사 왕래를 통해 한국에 대한 정보와 지식을 확보했다. 이러한 교통의 확대는 한반도에 관한 다양하

고 객관적인 정보를 얻게 되었음을 의미하며, 이에 따라 조선의 문화에 대한 존경과 수용적 자세가 지식인 사회에서 차츰 확대되었다. 그러나 이것은 조선 문화 전체에 대한 수용이라기보다는 조선의 유학자인 이황(李滉)을 중심으로 한 주자학적 측면에서 그러했으며, 정치·외교적 측면에서의 맹목적 우월의식은 여전히 남아 있었다. 왜곡된 일본의 고기록류의 내용을 사실로 받아들여 한국의 역사를 이에 맞추어 고쳤다. 그러한 점은 주자학자나 국학자나 별반 다를 바 없었다.

주자학자인 아라이 하쿠세키(新井白石)는 〈신라질자(新羅質者)〉, 〈일본부건치연혁(日本府建置沿革)〉 등의 사론에서 『삼국사기』의 기록을 비판하고 그 대신에 진구황후의 삼한 정벌과 〈신라질자〉 미질기지(微叱己智)의 건을 『일본서기』의 시기에 적당히 꿰맞추어 역사적 사실로 간주했으며 또한 임나일본부를 설치하여 고대 일본이 남선 경영을 했다는 주장을 폈다. 국학자 요시다 쇼인(吉田松陰)은 '조선은 옛날 우리 나라에 신하로 복속해 있었는데 지금은 거만해져 있으므로 다시 수복해야 한다'고 하면서 이를 증명하기 위해 『고사기』나 『일본서기』에 나오는 삼국의 조공 관련 사항들을 열기했다. 즉 고기록류의 허구적인 기사를 이용하여 이를 정한론으로까지 확대하여 정당화하고 있다.

게다가 일본 문화를 조선 문화와 동급으로 취급하려는 주자학자들의 주장도 실제로는 조선 멸시관으로 이어졌다. 에도시대 유학자들이 가지고 있던 조선에 대한 공통된 인식은 『일본서기』에서 보여줬던 왜곡된 시선이 그대로 이어진 것이었다. 예를 들면 조선 통신사에 대한 과다한 접대에 대해 막부에 건의하여 간소화했던 아라이 하쿠세키는 조선이 막부에 제출하는 국서의 수신인을 일본국 대군(大君)에서 일본 국왕으로 바꾸도록 요구했다. 이는 도쿠가와의 장군을 일본 국왕으로 호칭함으로써 조선 국왕과 대등한 지위를 부여하려는 것으로 결국 일본 천황을 중국 천자와 동등한 위치에 둠으로써 실제로는 조선을 아래에 두려는 의도였다. 미토(水戶)학파의 유학자 하야시 슌사이(林春齋)도 한국은 스사노오노미코토(素盞嗚尊)가 경략한 곳이며 스사노오노미코토가 삼한의 시조라는 주장을 전개하여 전통적 우월의식에서 벗어나지 못하고 있음을 보여준다.

이 시기에는 임진왜란에 대해서도 도요토미의 조선 정벌을 무모한 행위로 비난하는 의견이 막부의 공식적 견해였지만, 한편으로는 참전 병사들의 기록을 모아 전승의식을 강조했으며, 일부 학자들은 진구황후의 삼한 정벌을 계승한 것이라고 예찬하기도 했다.

18세기에 들어와서는 주자학이 쇠퇴하고 일본의 국학이 성장하면서 『일본서기』 이래의 번국관(蕃國觀)이 더욱 강화되었다. 특히 국수적 성향을 지닌 국학 계열의 인물들은 고전 연구를 통해 황국우월론을 펼치면서 유학과 그 뒤에 있는 중국 문화에 대해 배타적인 경향을 보였다. 조선에 대한 인식에 있어서는 『고사기』와 『일본서기』의 신화들을 광신적으로 숭배했다. 모토오리 노리나가(本居宣長)는 『어융개언(馭戎慨言)』(1796년 간행)에서 일본의 신이 한국의 신을 지배했으며, 진구황후는 이 신의 명에 따라 신라를 정벌하러 나갔고, 이로써 한결같이 황조의 법을 섬겼다는 사실은 세상 사람들도 잘 알고 있다는 주장을 전개했다.

막부 말기 구미제국의 내항에 따른 위기의식은 일본이 아시아의 나라들을 먼저 차지해야 한다는 생각으로 이어졌다. 그 결과 아시아로의 진출을 논하는 자들은 한국 공략을 주장했는데, 그러한 공략의 주장에는 한국은 원래 일본의 속국이었다는 발상이 내재하고 있다. 전통시대 조선에 대한 우월의식이 막부 말기에 존왕사상(尊王思想) 및 대아시아 우월의식과 결합하여 제국주의 시기에 침략주의적 대한 인식(對韓認識)의 근간을 이루게 되었다. 막부 시기 국가적 전통의 고취와 일본 천황(天皇) 지위의 재확인을 근간으로 했던 국학(國學) 계통의 배타적인 국가주의 이념에 의해 고무된 국수적인 인식은 19세기 말과 20세기 초 각기 그 계통을 달리하면서 제기됐으며, 일본 제국주의의 조선 침략을 정당화하는 침략주의적 측면을 드러냈다.

위에서 일본인들의 대조선관에는 기본적으로 맹목적인 우월의식이 근저에 있음을 보았다. 여기서는 에도시대 역사서에 이러한 인식이 어떻게 투영되었는지를 살펴보고자 한다.

『본조통감』의 대조선 역사지리 인식

『본조통감』은 하야시 라잔(林羅山, 1583~1657)과 그의 아들에 의해 편찬된, 신대(神代)부터 고요제이(後陽成)천황(재위 1586~1611)에 이르는 일본 역사서이다. 3대 장군 이에미츠(家光)는 하야시에게 공가와 무가의 계보를 정리하도록 했는데 일정한 성과를 거두자 계보에서 영역을 넓혀 1644년(일 正保 1) 일본의 역사를 통사로 정리하도록 명했다. 하야시 라잔은 신대부터 우다(宇多)천황(재위 887~897)에 이르는 역사를 『본조편년록(本朝編年錄)』 제하의 40권으로 정리하여 장군에게 올렸다. 그러나 1657년(일 明曆 3) 에도성 화재로 소실되었다. 이에 아들 슌사이(春齋) 하야시 가호(林鵞峰, 1618~1680)가 가학을 이어 집에 있던 초고본을 정리하고 다이고(醍醐)천황(재위 897~930) 이후는 새로 정리하여 1670년(일 寬文 10)에 완성했다. 장군의 명에 따라 책제목도 『본조편년록』에서 『본조통감(本朝通鑑)』으로 바꾸었다. 중국의 『자치통감』, 조선의 『동국통감』에 비견하는 책을 편찬하려는 의도가 반영된 것이다. 『본조통감』은 정편 40권(神代~宇多), 속편 230권(醍醐~後陽成), 전편 3권(神代), 제요 30권, 부록 5권, 수 2권, 총 310권에 달하는 편년체 사서로 완성되었다.

하야시 라잔은 진구황후의 삼한 정벌을 의전(義戰)으로 정당화하고 사신단의 도래를 '내공(來貢)'이라 하고 고구려·백제·신라 등 조선의 역대 국가를 '서번(西蕃)'이라 하는 등 조선에 대한 우월감을 가진 인물이었다. 통신사와 만났을 때 단군의 실재를 부정하는 발언을 했으며 자국의 문화를 과시하려고 했다. 『본조통감』을 실질적으로 완성한 하야시 가호는 아버지 하야시 라잔과 마찬가지로 조선에 대한 우월의식의 소유자였다. 하야시의 제자인 쓰지 단테이(辻端亭, 1624~1668)가 1667년 일본 간본 『동국통감』을 간행했을 때 그 서문을 하야시 가호가 썼다. 가호는 『동국통감』의 정보를 바탕으로 단군 개국에서 조선 왕조에 이르는 우리나라 역사의 흐름을 대략적으로 정리하고서 진구황후 이래 삼한이 일본에 복종하여 조공을 거르지 않았다고 말하고 삼국과 발해는 일본의 부용국이었음이 분명하다고 적었다. 그런데도 『동국통감』에서는 조공 바친 것을 모두 생략했는데 이는 자기 나라를 위해 꺼린 것이라고 비평했다.

하야시 라잔과 하야시 가호는 『본조통감』을 편찬하면서 『일본서기』를 비롯한 육국사 자료를 바탕으로 발췌하는 방식을 취했다. 편년체 방식으로 기술했으므로 『일본서기』에 단편적으로 언급되는 임나, 신라, 백제, 고구려 등과의 관계 묘사에 치중하고 있으며, 이들 개별 국가들의 역사지리에 대해서는 세밀한 정보가 부족했다. 게다가 인용서목의 화한(華韓)조에서 기록한 바와 같이 중국의 정사류뿐만 아니라 조선의 『동국통감』과 『동국여지승람』을 비롯한 다수의 책을 읽었음에도 불구하고 『본조통감』에서 삼국 이전을 전혀 언급하지 않은 것은 의도적이라고 할 수밖에 없다.

『대일본사』의 대조선 역사지리 인식

막부(幕府) 주도하에 『본조통감(本朝通鑑)』이 편찬되고 있을 때 미토번(水戶藩)에서도 대규모 수사 사업을 펼쳤다. 미토번주(藩主)의 도쿠가와 미쓰쿠니(德川光國)가 1657년(일 明曆 3) 편찬소를 열어 히토미 호쿠유우(人見卜幽) 등으로 하여금 편찬하게 했다. 1672년(일 寬文 12)에는 소석천(小石川)에 있는 자신의 집으로 편찬소를 옮겨 창고관(彰考館)이라 이름 짓고 사업을 지속했다. 아사카 단파쿠(安積澹泊), 미야케 간란(三宅觀瀾) 등의 유신들을 초빙하여 편찬 사업에 박차를 가했다. 미쓰쿠니가 죽은 후에도 후학들이 사업을 계승하여 기전의 체재를 완비한 것은 1709년(일 寶永 6)경이었다. 1715년(일 正德 5)에 이르러 신대부터 고코마쓰(後小松)천황(재위 1382~

1392)까지의 역사를 다룬 본기와 열전 250권을 완성하고 책 제도『대일본사(大日本史)』로 정했다. 1720년 10월 막부에 헌상되었으며, 1809년(일 文化 6)에는 기와 전을 판각했다. 지와 표를 완성하려는 시도가 이어져 1897년(일 明治 30) 원고를 거의 완성하여 1906년 지와 표의 인쇄를 시작했다. 이로써 250여 년의 지난한 시간을 통해 본기 73권, 열전 170권, 지 126권, 표 29권 총 397권, 목록 5권, 계 402권으로 구성된 거질의 기전체 일본 역사서가 만들어졌다.

그런데 본기와 열전은 이미 1715년에 대체적인 내용을 완성하고 있기 때문에 열전은 에도시대의 산물로 보아도 무방할 것이다. 본기와 열전을 갖추어 일본사를 기술한 것은 일본의 국가 정체성을 세워보려는 의도를 드러낸 것이다.

기전체 사서이므로 열전에 외국 부분이 들어가 있다. 일본 이외의 외국은 중국 수·당에서 시작하여 신라와 곤륜으로 이어진다. 그런데 1900년대 이후 책으로 인쇄하면서 외국열전은 제외되고 대신 제번(諸蕃)이라는 용어를 사용하여 신라를 앞세우고 이어 중국과 곤륜을 다루고 있다.

처음 열전을 만들었을 때는 외국열전이었으며, 외국1에서 수(隋)·당(唐), 외국2에서 송(宋)·요(遼)·금(金)·몽고(蒙古)·명(明), 외국3에서 신라(新羅) 상, 외국4에서 신라(新羅) 하, 외국5에서 고구려(高句麗)·고려(高麗), 외국6에서 백제(百濟)

상, 외국7에서 백제(百濟) 하, 외국8에서 임나(任那)·탐라(耽羅), 외국9에서 발해(渤海) 상, 외국10에서 발해(渤海) 하, 외국11에서 에조(蝦夷) 상, 외국12에서 에조(蝦夷) 하·숙신(肅愼)·여진(女眞)·류큐(琉球)·토화라(吐火羅)·곤륜(崑崙)을 정리했다. 근대기 인쇄본을 간행하면서 제번의 제하에 신라부터 시작하여 한반도를 서술한 다음 중국을 다루고 있다. 에도시대에는 유학적 논리를 바탕으로 열전을 기술했으나 메이지시대에는 제국주의 논리가 확산되고 있음을 볼 수 있다.

삼국의 기사는 『삼국사기』와 『동국통감』을 근간으로 이용하면서도 『일본서기』, 『속일본기』 등 일본의 국수적 자료를 적극적으로 활용하여 기사를 정리했다. 신라의 진한(辰韓) 출자에서 출발하여 한반도의 역사를 적고 있는데 고구려 편에서 고구려는 옛 고조선의 땅에 자리했으며 고조선은 단군에서 출발하여 기자, 위만, 한사군으로 이어진다는 내용을 간략히 기술하고 있다. 『동국통감』의 기사를 인용한 데서 알 수 있듯이 이 부분은 『동국통감』의 기사를 그대로 받아들이고 있다. 다만 한반도의 여러 국가들과 관계를 정리할 때는 시대나 자료적 측면에서 왜곡된 조공 기사를 기준으로 조선의 역사를 정리하여 대조선관에서 오도된 모습을 보여주고 있다. 임나에 대해서도 일본부를 두어 한반도 여러 국가를 지배한 것으로 왜곡하고 있다.

『대일본사』는 『삼국사기』와 『동국통감』 기사를 적극적으로 수용하여 외국열전으로 한반도 역사를 기술하면서도 왜곡된 일본의 육국사 기사와 결합하여 기술했다. 이에 따라 조선 역사에 대해 한반도의 독자적 발전보다 조공과 통제의 대상으로 서술하게 되었다.

『삼한기략』과 『동한사략』의 대조선 역사지리 인식

『삼한기략』은 이토 도가이(伊藤東涯, 1670~1736)가 1704년 경에 편찬한 조선에 대한 최초의 전문적인 역사서이다. 다만 간본으로 나오지 않고 사본류만 남아 있어 역사서로서 큰 영향력을 미치지는 못했다. 군장략, 기호략, 토지략, 직품략, 족망략, 문적휘, 방언략의 7개 항목으로 구성되어 있다. 이토 도가이는 『삼한기략』의 직품략(職品略)의 주요 내용을 정리하여 1711년 교토에서 『조선관직고(朝鮮官職考)』를 간행했으며, 그 외 다수의 조선 관련 편술을 남겼다. 그의 부친 이토 진사이(伊藤仁齋, 1627~1705)는 송학(宋學)을 대신하여 고학(古學)을 발흥시킨 유학자로 이름이 나 있다.

『삼한기략』은 조선에 관한 일종의 백과사전이라고 할 수 있다. 에도시대에 들어와 일본에서는 조선에 대한 객관적 지식을 확보할 필요가 있었다. 이에 따라 조선의 제반 영역에 대한 백과적 지식을 손쉽게 얻을 수 있는 책자를 만들게 되었다.

다만 『삼한기략』은 인쇄되지 못하고 필사본으로만 남아 있어 일본인에게 미친 영향력은 제한적이었다.

『삼한기략』 가운데 역대 왕대를 적은 군장략과 지리를 적은 토지략은 조선 역사지리에 대한 서술을 전하고 있다. 군장략은 서장에 고조선(古朝鮮)의 역사를 개략적으로 소개하고 있다. 이어 본문에서는 신라·백제·고구려와 발해, 고려, 조선의 역대 군주를 다루었는데 조선조는 목종(穆宗) 소경왕(昭敬王), 즉 선조까지 다루었다. 주 자료는 『동국통감』과 『삼국사기』를 바탕으로 하되 취신하기 어려운 기사는 『일본서기』 기사로 보충했다.

토지략에서는 군장략보다 후퇴하여 삼한만을 언급하고 이어 사군이부를 다룸으로써 단군의 역사는 사라졌다. 삼한에 대해서는 최치원과 권근의 설이 다름을 적어 적극적인 판단을 유보했다. 삼국, 발해, 고려, 조선의 지리를 다루고 있다. 맨 뒤에 〈조선국팔도전도(朝鮮國八道全圖)〉를 첨부했다. 삼국에서 고려로 넘어가는 과정에서는 『삼국사기』의 기술과 순서를 그대로 수용하면서도 조공 상대국에 대한 일본의 시각을 반영하여 삼국 다음에 발해를 첨부하고 이어서 고려를 기술하고 있다. 발해가 특별하게 기술된 것은 조공관계인지를 기준으로 한반도의 역사를 보았기 때문일 것이다.

같은 유형의 사략류이지만 막부의 유학 계통의 학문을 이

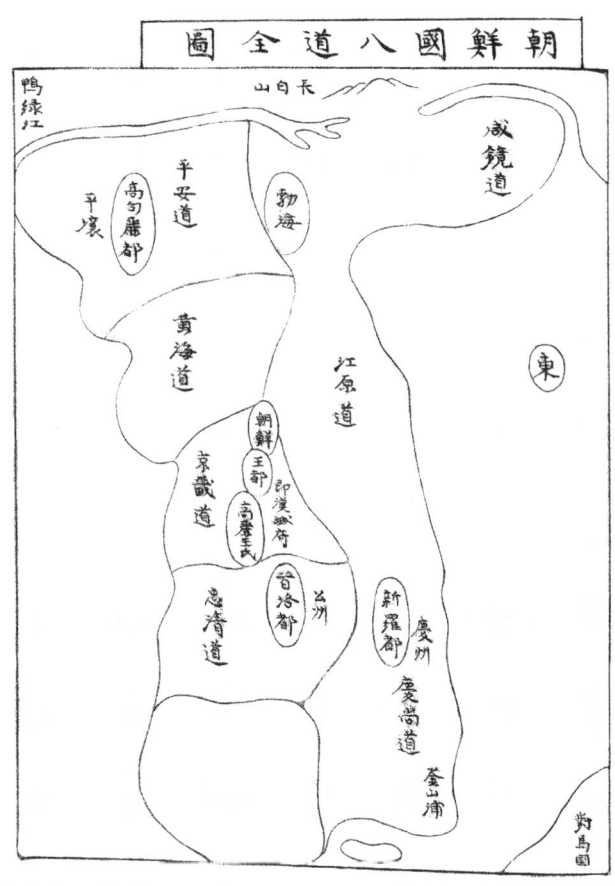

伊藤長胤, 『三韓紀略』, 〈朝鮮國八道全圖〉
국립중앙도서관 소장, 한고조50-169, 121면

은 가쓰라야마 사이간(桂山彩巖, 1678~1749)이 편찬한 『동한사략(東漢史略)』이 있다. 하야시 가호의 아들 하야시 호코(林鳳岡, 1645~1732)의 제자였던 사이간은 막부에서 활약했던 유학자였다. 그는 조선의 『동국통감』과 왕홍서(王鴻緒)의 『명사고(明史藁)』를 근간으로 조선의 역사를 간략히 정리했다. 그는 홍황(鴻荒)의 세에 단군이 있었으며 중국에서 기자가 오면서 조선이라는 칭호를 갖게 되었다고 적었다. 위만을 거쳐 중국 호령이 미치지 못하게 되자 군장으로 마한·진한·변한이 나오게 되었으며, 마한 = 백제, 진한 = 신라, 변한 = 고려라고 보아 삼한을 바로 삼국이 잇는 것으로 보았다. 고려와 조선 시대에는 역대 군주를 열거하고 있다. 내용은 대체로 『동국통감』을 그대로 답습하고 있다. 인물조에서는 문필가들을 소개하고 있으며 시문에서는 평양의 풍광을 노래한 시를 소개하고 있다. 그 내용은 〈조선사적당간서목(朝鮮事迹當看書目)〉 항목에 있는 일련의 조선 간행 시문집을 활용한 것이다. 『삼한기략』과 비교하면 『동국통감』의 기사를 취신하는 입장이 강하다.

에도시대 대조선 역사지리 인식의 특징

에도시대는 역사를 학문적으로 연구하기 시작한 시기이다. 이에 따라 많은 사료가 수집되고 집적되었다. 또한 고대와 당대의 역사에 대한 다양한 역사서가 편찬되었다. 이들 역사서에 조선에 관한 내용이 여러 곳에 실려 있다. 기존의 일본 역사서 외에도 조선으로부터 『동국통감』이 수용되고 또 이를 일본에서 간행하면서 조선에 관한 지식이 확대되었다.

에도시대의 저술을 보면 과거 조선에 대한 관심은 육국사를 비롯하여 8~9세기에 편찬된 역사서의 조선에 관한 기술에서 크게 벗어나지 않는다. 오히려 에도시대에는 고기록에서 왜곡되었던 조공 기사나 임나일본부와 관련된 기록을 더 자세히 기술하려는 모습을 보이고 있다. 고기록에 보이는 임나일본부를 학술적으로 검증해보려는 시도에서 출발한 것이다.

에도시대에는 장편의 대규모 역사 서술이 발달함에 따라 『본조통감』이나 『대일본사』에서 보이듯이 자신들의 역사를 기술하면서 항목별 부분적으로 조선의 역사를 넣고 있다. 『본조통감』과 『대일본사』는 여러모로 대칭되는 관점을 가지고 있다. 『본조통감』은 막부가 중심이 되어 편찬됐으며, 천황 중심의 계통을 중시하고 편년체로 기술됐다. 『대일본사』는 지방 번주가 중심이 되어 편찬됐으며, 유교적 정통론의 관점이 강하고 기전체로 편차되었다. 『본조통감』은 편년체로 편차되면서 천황을 중심으로 역사를 서술하고 있으며, 한반도의 동향은 일본사의 부수적인 존재로 취급될 뿐이었다. 『대일본사』는 기전체로 편찬되어 한반도의 역사를 외국열전에 별개의 항목으로 편성했으나 근대 제국주의하에서는 외국 대신 제번으로 제하를 바꿀 정도로 대조선 멸시관을 여전히 드러냈다.

한편 『삼한기략』, 『동한사략』이라는 사략형의 조선 관련 역사서가 편찬된 것은 통신사 파견으로 조선에 관한 정보가 확대되면서 조선의 역사를 좀 더 체계적으로 정리할 필요가 있었기 때문이다. 『동국통감』과 『동국여지승람』이 일본에 전해지면서 조선의 역사지리에 대한 인식이 풍부해진 것도 이를 가능하게 한 요인이었다. 다만 『삼한기략』은 한반도의 초기 국가들이 내공해왔다고 이해했으며, 『동한사략』은 기자를 중심으로 조선의 초기 국가 변동을 기술하고 있다는 점에서 조선에 대한 우월의식이 공통적으로 드러난다. 그리고 일본의 조선에 대한 지리 기술은 대체로 『동국통감』과 『동국여지승람』의 수준을 벗어나지 못하고 있다.

제 2 장

청·일과의 국경 충돌과 실학자들의 영토에 대한 관심

1
조·청, 조·일 간
국경을 둘러싼 충돌

간도를 둘러싼 청과의 국경 분쟁

1583년 누르하치(1559~1626)가 여진의 여러 부족을 통합하여 '만주(滿珠)'라고 했다. 1616년 누르하치는 옛 여진 제국의 이름을 따서 나라 이름을 금(金)이라고 짓고, 자신은 최고 지도자인 칸(汗)이 되었다. 조선 측에서는 이보다 전에 이미 누르하치가 왕을 칭했다는 보고를 받았다. 후계자 홍타이지(皇太極)는 1635년 여진 종족의 공식 이름을 만주(滿洲)로 바꾸고, 1636년 나라 이름을 대청(大淸)으로 개칭했다. 1644년 북경을 차지한 만주족은 퇴각 경로를 확보하기 위해 요동과 그 이동 지역에 봉금지대(封禁地帶)를 설정했다. 19세기 중반까지 이 봉금지대에는 한족의 출입이 제한되면서 소수의 만주족만이 살고 있었다.

1627년 정묘호란 때 조선과 후금이 강도회맹(江都會盟)을 맺으면서 조선인도 봉금지대의 출입이 금지되었다. 그러나 조선인들은 화전을 하면서 봄에 파종하고 가을에 들어가 수확을 하거나 간혹 인삼을 채취하기 위해 범월했다. 홍타이지는 조선인의 출입을 막아줄 것을 조선 정부에 요청했다. 조선에서는 인조 이후 봉금지대에 범월한 조선인들을 처벌했다.

1685년(숙종 11) 인삼을 캐던 범월 조선인들이 장백산을 답사하던 청 관리를 조총으로 상해한 사건이 일어났다. 1690년과 1704년, 1710년에도 중국인이 범월한 조선인에게 살해당하는 일이 발생했다. 1712년(숙종 38) 2월에 청나라는 모호한 양국의 경계 지역을 조사할 것을 제안했다. 이는 요동과 간도 일원뿐만 아니라 장백산, 즉 백두산까지 영역을 확대하려는 의도였다.

청나라는 오라총관(烏喇摠管) 목극등(穆克登)을, 조선은 접반사(接伴使) 박권(朴權), 함경감사 이선부(李善溥) 등을 각각 회담 대표로 파견했다. 목극등은 백두산 정상에 올라 정상부의 천지(天池) 동남쪽 4km 지점에 정계비를 세웠다. 이 비는 백두산 일대를 중심으로 조선과 청의 경계선을 표시한 것이다. 비문에는 "여기에 이르러 살펴보니 서쪽은 압록이 되고, 동쪽은 토문(土門)이 된다. 그러므로 물길이 나뉘는 이곳에 돌로 새겨 기록으로 삼는다"라고 적혀 있다. 이 회담으로 조선과 청의 경계가 획정됐다.

그런데 회담 당시 두만강의 수원에 대해 조선과 청의 주장이 엇갈렸으나 명확히 처리하지 않았다. 이미 청은 과거 어느 때보다 넓은 대제국을 건설했으며, 중원에서의 지배력이 견고했기 때문에 조선에 명확한 국경을 요구하지도 않았다. 그러나 훗날 양국 대표가 국경으로 합의했던 토문을 바라보는 시선은 서로 달랐다. 중국은 토문이 두만강 상류를 뜻한다는 의미로 받아들였다. 반면 우리 측에서는 토문을 두만강 혹은 송화강으로 간주했다. 토문을 두만강으로 간주함으로써 영토를 상실하게 되었음을 비판하는 견해는 주로 당시 비주류였던 남인계에서 나왔다.

그런가 하면 토문을 송화강으로 간주함으로써 두만강 이북 지역을 확보하게 되었다는 주장이 나왔다. 이는 일부 집권 노론세력이나 간도 지역에 거주하는 조선인들의 주장이었다. 그런데 당시 명확하지 않던 국경 문제는 청에 비해 힘이 약한 조선에 불리하게 작동했다.

러시아 세력의 동진에 따라 1860년 북경조약으로 청은 러시아에 연해주를 할양하기에 이르렀다. 중국은 러시아의 위협을 저지하기 위해 기존의 봉금정책을 포기하고 19세기 중엽에는 한족(漢族)의 만주 이주를 장려했다. 1880년대에는 청이 본격적으로 간도 개척에 나서면서 대부분의 만주 지역이 한족에게 개방되었다. 한편 19세기 중엽 이후 각종 재해가 이어지자 조선인들이 두만강 북쪽 지역에 들어가 살면서 농사를 짓기 시작했다. 정착 여건이 좋았기 때문에 이 지역으로 이주하는 조선인이 급증했다. 당시 조선에서는 두만강 대안의 개간지를 간도(間島)라고 불렀다.

같은 지역을 두고 청과 조선이 본격적으로 개발을 시도하면서 양국인들이 자주 충돌했다. 이에 1882년 초 청나라는 조선인이 간도 지역으로 월경하는 것을 금지시켜줄 것을 조선에 요청했으며, 간도에 살고 있는 조선인들의 쇄환을 요청했다. 당시 조정에서는 중국의 요청에 따라 조선인들을 쇄환하려고 했다. 그러자 현지 조선인들이 목극등이 세운 정계비문에 입각하여 토문강과 송화강 이남의 간도를 조선 땅이라고 주장했다. 이에 1883년(고종 20) 조선 정부에서는 서북경략사 어윤중(魚允中)을 파견하여 정계비의 내용과 위치를 살펴보게 했다. 어윤중은 정계비에서 말한 토문강을 중국이 두만강으로 아는 것은 잘못이며, 토문강은 송화강 상류라고 주장하면서 간도 지역은 조선 영토라고 보고했다.

1885년(고종 22) 청나라가 조선인들을 간도에서 강제로 추방하면서 본격적인 분쟁이 발생했다. 이에 1885년 11월 국경 문제를 다루기 위해 감계회담이 열렸다. 조선 측에서는 안변부사 이중하(李重夏)를 토문감계사로 파견했다. 당시 회담에서 조선 정부는 정계비에 근거하여 토문은 송화강이라고 주

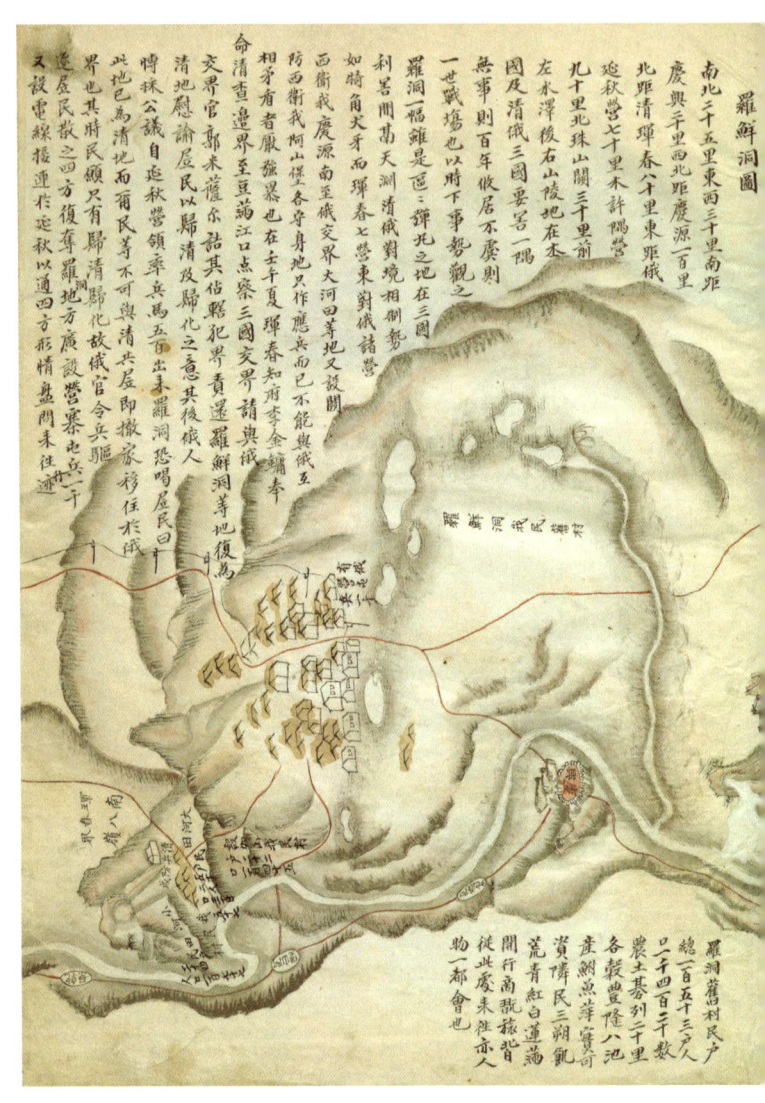

鹿苲島圖

自鹿苲南界地盡頭鹿苲入去內界道里遠近去
自鹿苲北距延秋營一百三十里

南北七十里東西三十里
平原廣野農土肥沃南
距西水羅三十里西距造山
堡十五里西北距慶興府
一百里西北距瑞仙澤七十里
西挾豆江東接大海居住
我民二百十三戶人口
八百二十二歲不供賦
役只養鹿錄高島
本國風敎不道
彼人俗習蓋不忘
之 恩澤也慶興誌
有云忠武公李舜臣造山
萬戶時因農壞倆薄仍舊制
屯田柞此胡賊打劫警擾邊境故罷
屯田還率農戶者于今裁百年
我民更入居住三逃入於三千餘里
古云土地者人民去來之養江山者帝王
與文之居卽示謂沈

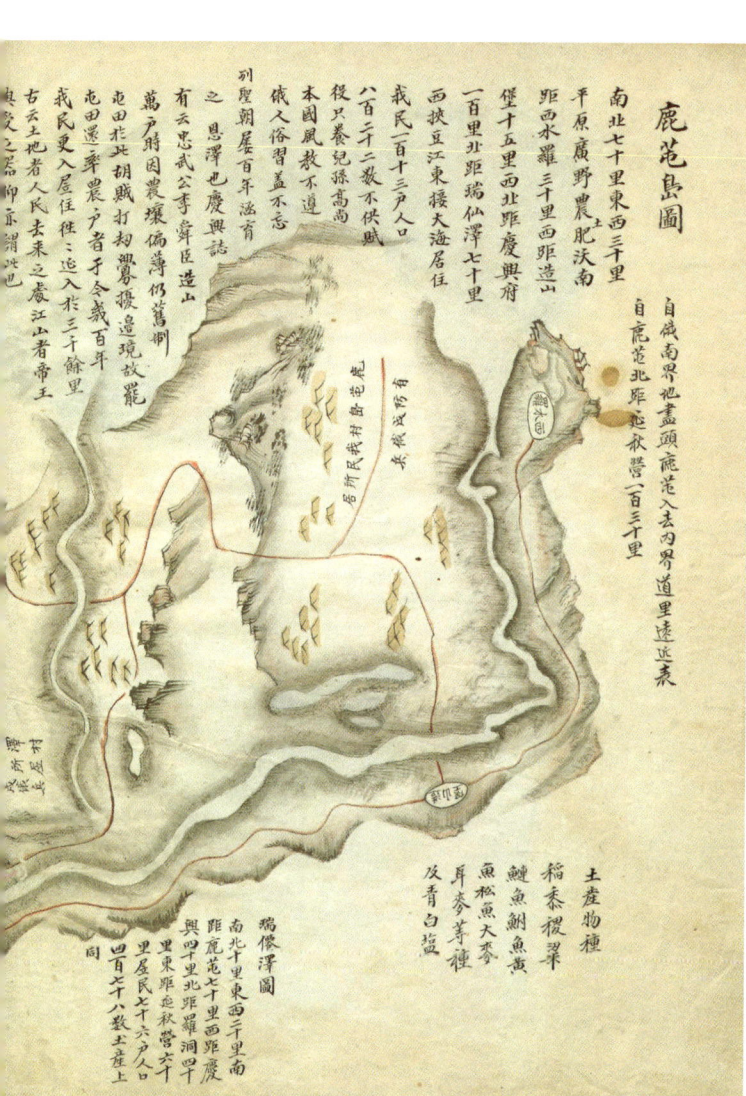

土産物種
稻黍稷翠
鯉魚鮒魚黃
魚松魚大麥
耳參等種
及青白塩

瑞儀澤圖
南北七十里東西三十里南
距鹿苲七十里西距慶洞甲
與四十里北距秋營六十
里屋民七十六戶人口
四百七十八歲土産上
同

장했으나, 중국 정부는 두만강 국경 획정을 고집했다. 임오군란과 갑신정변의 소용돌이 속에 열린 1887년과 1888년의 회담에서도 청은 두만강으로 국경을 획정할 것을 주장했다. 이 회담이 실패로 끝난 이후 중국은 간도 이민정책과 조선인의 귀화정책을 통해 간도에 대한 실질적인 지배권을 강화해나갔다.

조선 조정도 이 지역에 여전히 주목하고 있었으며, 압록강과 연해주에 대한 정찰 보고서를 작성하게 했다. 1872년에 작성된 『강북일기(江北日記)』와 1880년대 작성된 『아국여지도(俄國輿地圖)』가 왕실 도서관이었던 장서각에 남아 있다. 1897년 서상무(徐相懋)를 압록강 북쪽 지역의 변계관리사무(邊界管理事務)로 임명했으며, 1900년에는 평안북도관찰사 이도재(李道宰)를 서쪽 변경을 관리하는 찰변사(察邊使)로 임명했다. 이도재는 서간도 지역을 평안도에 배속시키고 이주민을 보호했다. 대한제국에서는 1902년 이범윤(李範允)을 간도시찰관으로 파견하여 조세를 징수하는 등 이 지역에 대한 영토 주권을 확보하기 위해 노력했다. 1903년에는 이범윤을 간도에 주재하면서 사무를 관장하는 관리사로 임명했다.

청일전쟁과 러일전쟁에서 승리한 일본이 이 지역의 국경 분쟁에 개입하게 되었다. 1905년 불법적인 을사늑약을 체결해 조선의 외교권을 차지한 일본은 1909년 청과 간도협약을

맺었다. 만주에서 철도 부설 등의 이권을 차지하는 대신 간도 영유권을 청에 양보하는 내용이었다. 그렇게 조선과 청의 국경은 두만강으로 획정되고 간도 지역을 둘러싼 조선과 청의 다툼은 일단락되었다.

독도와 울릉도를 둘러싼 일본과의 충돌

512년(신라 지증왕 13) 울릉도와 독도 일대의 우산국이 신라에 병합되었다. 『고려사』 「지리지」의 울진현조에 "우산, 무릉은 본래 두 섬으로 서로 멀리 떨어져 있지 않아 날씨가 맑으면 바라볼 수 있다"라고 나온다. 『고려사』 930년(고려 태조 13) 기사는 "우릉도(芋陵島)에서 사신을 보내어 공물을 바쳤으며, 사신에게 벼슬을 주었다"라고 적고 있다. 고려 초기만 하더라도 울릉도가 고려의 영토에 속했음을 알 수 있다. 또 『세종실록』 「지리지」에는 "우산(于山), 무릉(武陵) 두 섬이 울진현의 정동(正東) 해중(海中)에 있다"라고 기록되어 있다. 여기서 무릉은 울릉도, 우산은 독도를 가리킨다. 우산은 신라시대 이래 울릉도의 이름이었지만, 조선시대에 울릉도를 울릉 또는 무릉이라고 부르면서 독도를 우산이라고 지칭했다.

조선시대에 들어와서는 연안의 섬에 도적이 출몰하는 것을 염려하여 섬을 비우는 공도(空島)정책을 실시했다. 이에 따라 울릉도에서도 주민들을 철수시켰다. 그러나 울릉도는 연안 어업을 하는 어부들에게는 매우 중요한 전진 항구였기에 주민의 거주를 완전히 금지하기는 어려웠으며, 어부들이 고기잡이를 위해 계속 이용하고 있었다. 17세기 중반까지만 하더라도 일본은 울릉도와 독도를 조선의 땅으로 간주했다. 1667년 일본의 『은주시청합기(隱州視聽合記)』에서 울릉도와 송도(독도)는 고려에 속한 영토이며, 일본의 서북쪽 국경은 은기도(隱岐島: 오키섬)를 한계로 한다고 적고 있다.

1693년(숙종 19) 여름 울릉도와 자산도(독도) 부근으로 고기잡이를 나갔던 안용복(安龍福)은 일본 어선에 납치되었다가 송환되었다. 1696년(숙종 22) 다시 울릉도에 갔다가 일본 어선을 쫓아 일본에까지 따라갔다. 두 차례에 걸쳐 일본의 백기주(伯耆州) 태수(太守)와 대마도주(對馬島主)와 담판하면서 울릉도와 자산도가 조선 영토임을 주장했다. 일본 막부도 이 사건을 조사하면서 두 섬은 일본 영토가 아니라고 결론 내리고 1696년 1월 '죽도 도해 금지령'을 내렸다. 그리고 1699년 일본 막부의 최고 책임자인 관백(關白)도 대마도주를 통해 이를 확인하는 외교문서를 보내왔다. 이 당시만 하더라도 일본은 은기도가 자신들 영역의 한계라고 생각했기 때문에 이러한 서한을 보내왔던 것이다. 한편 안용복 사건 이후 조선 조정에서도 울릉도와 독도에 대한 관심이 고조되었으며, 두 섬의 산물과 형세를 알기 위해 3년에 한 번씩 수토관을 파견하여 지속적으로 관리했다.

개항 이후 조선 정부는 1881년 울릉도에 이규원(李奎遠)을 검찰사(檢察使)로 파견했다. 이규원은 현지를 답사한 끝에 개척이 가능하다고 보고했다. 1882년에는 울릉도 개척령(開拓令)을 반포하면서 본토 사람들을 모집하여 이주시켰다. 이에 따라 울릉도는 주민들이 공식적으로 거주하는 섬이 되었으며, 독도는 울릉도 어민들의 여름철 어업기지로 이용되었다.

반면에 1870~1900년대까지 일본의 독도에 대한 인식은 미약했으며 오히려 두 섬을 한국의 영토로 생각했다. 일본 내무성은 1877년 관련 문서를 첨부하여 당시 최고 기관인 태정관에 품의했는데, 이에 대해 태정관은 "죽도(竹島, 울릉도) 외 1도(독도)는 일본과 관련이 없다"는 지령문을 내려보내기도 했다.

대한제국 시기에 들어와 독도는 1900년 10월 25일 고종황제의 칙령(勅令)에 의해 중앙에서 군수가 파견되면서 울릉군의 한 부속 도서로 정식 편입되었다. 이 칙령은 관보에 게재되어 전 세계에 공포되었다. 근대 국제법상 독도가 대한제국의 영토임을 재확인한 것이다. 일본이 독도 영유권의 근거로 내세우는 1905년의 시마네현 편입 고시보다 5년이나 앞선 것이다.

2
실학자들은 국경을 어떻게 보았는가

북계 지역에 대한 관심과 인식

조선 후기 실학자 가운데 역사지리를 연구했던 일군의 학자들은 우리나라 상고사의 중심 지역으로 요동 지역을 재발견하고자 했다. 초기 실학자 중 한 명인 한백겸(韓百謙)은 역사지리서인 『동국지리지(東國地理誌)』에서 압록강 이북 지역에서의 상고기 국가의 행방에 주목했다. 일부 학자들은 한사군의 일부가 요동에 있었던 것으로 생각하여 상고기 한 민족의 활동 영역을 요동으로까지 확대하여 이해했다. 허목(許穆)의 『동사(東事)』, 이돈중(李敦中)의 『동문광고(同文廣考)』는 야인이 차지했던 지역의 종족까지도 연구 대상으로 삼았다. 허목은 숙신과 말갈을 동국 역사의 일부로 서술했다. 정약용(丁若鏞)은 『아방강역고(我邦疆域考)』에서 말갈이나 여진계의 동향을 기술하여 관심을 표명했으며, 요동은 결국 회복해야 할 곳으로 보았다.

조선 후기 실학자들은 요동, 사군, 북관, 양강 지역에 대한 관심이 높았다. 역사적으로는 두만강 북쪽 지역에 옛 발해가 있었으며, 고려 때 윤관(尹瓘)이 점령했던 땅이라고 생각했다. 그리하여 이익(李瀷), 홍양호(洪良浩) 등의 실학자들은 평안도와 함경도 일원에서 군사적 대비책을 강화해야 한다고 주장했다. 서영보(徐榮輔)는 여연(閭延), 무창(茂昌), 우예(虞芮), 자성(慈城) 등 폐사군 지역의 연혁을 정리하여 서북 지역에 대한 관심을 환기했다. 이러한 주장은 조선 후기의 정약용, 이규경(李圭景), 19세기 중엽 실학의 마지막 계승자라고 할 수 있는 최성환(崔瑆煥)의 『고문비략(顧問備略)』으로 이어진다. 최성환은 사군의 복구를 주장하면서 압록강은 천연의 요새인데 사군을 비워두면 내지를 잘라서 적에게 넘겨주게 될 것이라고 경고했다.

한편 백두산에 정계비가 세워진 이후에는 북관 지역의 연혁에 대한 관심이 고조되었을 뿐만 아니라 일부 실학자들은 두만강 북쪽 지역을 우리의 고토로 간주했다. 홍양호나 신경준(申景濬) 등은 두만강 북쪽 지역의 경우 옛 조선의 영토이며, 흥왕(興王)의 땅임을 강조했다. 이익, 이중환(李重煥) 등은 윤관이 비를 공험진(公險鎭) 곁의 선춘령(先春嶺) 아래에 세웠다는 주장에 주목하여, 공험진이 두만강 북쪽 700리 지역에 있었던 것으로 비정했다.

그런데 정계비 수립 이후 국내에서는 비문에 기술한 토문을 두고 해석이 갈리기 시작했다. 토문강과 두만강에 대해 『요동지』나 『용비어천가』 등의 자료에는 서로 다른 곳으로 나온다. 그러나 정계(定界) 당시 조·청 양국 국경 회담의 당사자들은 압록강과 두만강을 국경으로 여기고 있었기 때문에 토문을 두만강의 발원처라고 인식했던 것으로 보인다.

숙종 대 조·청 국경 회담에 대한 비판은 요동과 고토 회복에 관심이 많았던 실학자들에 의해 제기되었다. 그중 일부는 윤관이 점령했던 선춘령이 두만강 북쪽 700리 지역에 있었던 곳으로 생각하면서 두만강 북쪽 땅을 우리의 고토로 간주했다. 이익, 안정복 등은 토문강과 두만강이 같은 곳이라는 주장을 수용하면서도, 선춘령 일대를 국경으로 삼아야 하는데 국경 회담을 잘못하여 오히려 두만강 북쪽의 땅을 상실하게 되었다고 비판했다. 이러한 주장은 영조 대 신경준, 홍양호 등에게 이어졌다. 그들도 정계비에서 동쪽의 경계를 토문, 즉 두만강으로 확정하면서 동북쪽 영토가 줄어들게 되었다고 생각했다. 그들은 당시 국경 정계에 참여했던 조선 측 관리들이 무사안일했다고 비판했다.

한편 조선 초 『요동지』나 『용비어천가』 등의 자료에 주목하여 토문을 두만강이 아닌 송화강이나 분계강으로 인식하는 주장이 나타났다. 정동유(鄭東愈)는 토문강이 국경이었던 점을 인정하되 정계 시 토문의 상류를 연결하는 지점을 잘못 지정함으로써 수백 리를 잃게 되었다고 적고 있다. 정약용은 서쪽으로는 요동, 동쪽으로는 백두산에서 발원하여 간도로 나아가는 분계강을 옛 양국의 경계로 상정하고, 요동과 분계강 이남 지역의 회복을 소망하고 있다. 토문강을 송화강으로 보건 별도의 분계강으로 보건 조·청의 국경이 두만강보다 북쪽에 있어야 한다고 보았던 점에서 이들의 생각은 일치한다. 이러한 주장은 숙종 말부터 세력을 얻기 시작했으며 간도로 이주하는 주민의 증가와 맞물려 크게 지지를 얻게 되었다.

이 시기 북방 지역의 역사지리에 대한 관심이 증대되면서 북방 지역의 역사와 문화를 다룬 서적들이 나왔다. 유득공(柳得恭)의 『발해고』와 『사군지』, 홍양호의 『북새기략』, 홍의영의 『북관기사』, 서영보의 『사군고』, 정약용의 『아방강역고』와 『대동수경』, 정원용의 『북행수록』, 정윤용(鄭允容)의 『북로기략』, 김노규(金魯奎)의 『북여요선』 등이 편찬되었다. 이 시기 북방 지역에 대한 관심은 백두산 혹은 압록강, 두만강 양강 피아를 구분하는 지도가 편찬된 사실에서도 알 수 있다.

근대 초기에도 만주에 대한 관심이 이어졌다. 정약용의 『아방강역고』를 다시 편집하여 『대한강역고(大韓疆域考)』를 만들었던 장지연(張志淵)은 이 책에서 정약용의 주장을 모두 수용하면서도 국경을 명확히 하는 데 초점을 맞추었다. 그는 만주를 우리 옛 땅으로 보았으며 특히 백두산정계비의 건립을 설명하면서 간도 지역을 상실하게 된 것을 비판하고 실지 회복을 주장했다.

독도·울릉도에 대한 관심과 인식

조선 전기 관부에서 만든 전국지인 『신증동국여지승람』에서는 우산도와 울릉도를 구분한 『고려사』, 『세종실록지리지』 등의 기록을 수용했으나 일설로 '우산 = 울릉 1도설'을 추가해 두었다. 숙종 대 안용복 사건에서 비롯된 울릉도와 독도를 둘러싼 일본과의 분쟁은 실학자들에게 도서 지역에 대한 관심을 환기시켰다.

이익은 『성호사설』 「천지문(天地門)」의 〈울릉도〉조에서 울릉도의 역사를 적고 일본과의 분쟁을 소개하고 있다. 이익은 여기서 명칭을 막론하고 울릉도는 우리 영토에 속하며 그 부근의 섬도 울릉도에 속한다고 주장하고 있다. 이어 안용복에 대해 미천한 군졸 신분으로 여러 대를 끌어온 분쟁을 종식시키고 영토를 회복했는데도 오히려 귀양을 보낸 것을 비판했다.

신경준은 이러한 주장을 더욱 발전시켜 1756년(영조 32)에 편찬한 『강계고(疆界考)』 〈울릉도〉조에서 울릉도의 위치와 연혁, 산물 등을 소개했다. 특히 울릉도의 연혁뿐만 아니라 조선 정부에서 이 섬을 지속적으로 관리해왔음을 밝히고 있다. 중간에는 『신증동국여지승람』에서 일설로 전했던 우산 = 울릉 1도설을 재수록한 유형원의 『여지지』를 소개하면서 다시 2도설을 내세웠다. 그리고 다른 한 섬은 송도, 즉 독도라고 주장했다. 또한 별도로 〈안용복사(安龍福事)〉조를 두어 안용복의 활동에 대해 적고 있다. 특히 안용복의 말을 빌려 일본이 말하는 송도는 우산도이고, 이것은 우리 땅에 속한 것이라고 적고 있다. 신경준은 지금까지 일본이 울릉도를 자기네 땅이라고 주장하지 못하게 된 것은 안용복의 공이라고 적고 있다. 게다가 신경준은 〈부산(釜山)〉조에서 대마도도 옛 신라에 속한 땅이라고 주장했다. 신경준은 1770년(영조 46)에 간행된 『동국문헌비고』 「여지고」의 편찬도 담당했는데 그는 『강계고』 〈울릉도〉와 〈안용복사〉의 내용을 울진현의 울릉도에 대부분 그대로 전재하고 있다.

　이러한 내용은 이맹휴(李孟休, 1713~1751) 등이 편찬한 『춘관지(春官志)』에도 그대로 이어졌다. 이맹휴는 『춘관지』 〈울릉도쟁계(鬱陵島爭界)〉조에서 이익과 신경준의 서술을 종합하여 울릉도 기사와 안용복 사건에 대해 기술했다. 이맹휴의 『춘관지』 기사는 이긍익(李肯翊, 1736~1806)의 『연려실기술(燃藜室記述)』과 성해응(成海應, 1760~1839)의 〈울릉도지(菀陵島志)〉와 〈제안용복전후(題安龍福傳後)〉에도 전재되어 있다.『동국문헌비고』「여지고」의 울릉도 관련 기사는 1808년 서영보·심상규 등이 편찬한『만기요람(萬機要覽)』에도 전재되어 있다.

조선 후기 이익, 신경준, 이맹휴, 이긍익, 성해응 등의 실학자들은 숙종 대 일본과의 외교적 현안으로 등장했던 안용복 사건에 주목하면서 울릉도와 독도를 둘러싼 분쟁을 기록으로 남겼다. 특히 안용복 덕분에 일본이 다시는 울릉도를 자국 영토라고 주장하지 못하게 되었음을 적고 있다. 실학자들이 영토 문제에 지속적으로 관심을 가지고 있었기에 숙종 대 안용복 사건에 주목할 수 있었을 것이다. 이러한 영토에 대한 자각에서 후일 울릉도 개척령 반포와 독도를 울릉도의 부속도서로 규정한 고종의 칙령이 나오게 된 것이다.

국경 개념의 발아

삼국시대는 전쟁을 통한 정복과 백성의 복속이 중요한 사회였기 때문에 국경의 유동성이 컸으며, 국경 개념도 빈약했다. 고려와 조선 사회에 들어와 왕조국가가 성립되면서 지방 군현의 개념은 있었다 하더라도 사상적 교류와 이념적 동질성 확보가 중요했기 때문에 국경에 대한 연구가 그리 활발하게 이루어지지 않았다. 조선 중기까지만 하더라도 유교 사상과 중화주의가 지배하면서 사상적 보편주의가 널리 퍼져 있어 여전히 국경의 개념이 미약했다.

그런데 근대적인 사유체계가 확립되던 조선 후기에 조·청, 조·일 간 국경 충돌이 발생하자 실학자들은 차츰 강역의 변화와 지리적 범주에 관심을 갖기 시작했다. 그들은 적극적으로 국경 문제에 대한 관심을 촉구하고, 현재 국경뿐만 아니라 과거 영토의 범위에 대한 연구를 진행했다. 이처럼 국경 문제가 이슈가 된 것은 근대적인 민족·국가 개념의 형성과 관련이 있다. 국경을 연구하고 경계를 확정하려고 한 것은 조선 후기 실학자들 사이에 미약하지만 근대적인 민족과 국경의 개념이 나타났기 때문이다.

제 3 장

조선 후기의 역사지리에 대한
학문적 접근의 추이

1
 ## 실학자들은 왜 역사지리 연구에 관심을 가지게 되었는가

국가 강역에 대한 부단한 관심

조선 후기에는 국가 강역에 대한 관심이 고조되었다. 임진왜란과 병자호란 등 외적에 대항하는 과정에서 당대의 지리적 여건뿐만 아니라 과거의 역사적 변천에도 관심을 기울이게 되었다. 이는 실학자들의 부국강병론이 학문적 형태로 나타난 것이다. 실학자들은 중국과 일본 사이에 있는 조선의 지정학적 조건에 주목하기 시작했으며, 강역과 관방시설에 대해 관심을 표명했다. 실학자들은 북관과 서북 지역에 대한 방비와 군현 복설을 주장했으며, 산성 축조의 중요성을 강조했다. 게다가 숙종 대 조·청 국경 회담 이후에는 두만강 북쪽 지역의 역사적 연혁에 대한 견해를 표명하기에 이르렀다. 압록강과 두만강 북쪽 지역의 관방지도가 활발하게 제작된 점에서 조선 정부도 이 지역에 대한 관심을 놓치지 않았다는 것을 알 수 있다. 국방상의 필요에 의해 작성된 이러한 지도는 국토에 대한 인식을 새롭게 했다.

중국으로부터 다양한 지리지 수용

조선 후기에는 역사지리 연구를 가능하게 하는 다양한 지리서가 중국으로부터 수용되었다. 당시 역사지리를 연구하던 학자들은 대체로 한반도 북부와 요동 지역에서의 역사적 행방에 관심을 기울이고 있었다. 이에 따라 신라 중심의 삼국의 지리 변화에 중점을 두었던 국내 자료의 한계에서 벗어나, 중국 문헌을 적극적으로 수용하게 되었다. 이러한 요구에 부응한 것이 『요사(遼史)』와 『금사(金史)』의 재발견이었다. 조선 전기만 하더라도 『사기』, 『한서』, 『삼국지』 등 중국 정사와 『대명일통지』와 『요동지』를 통해 우리나라 고대 역사의 행방을 추정했다. 그러나 유형원을 비롯한 실학자들은 요동 지역에서의 역사적 행방에 관심을 기울이면서 요동 지역을 조선의 옛 땅으로 비정한 『요사』나, 요동 일대를 고구려의 옛 강역으로 비정한 『대명일통지』의 기사를 재발견했다. 그러나 청으로부터 『대청일통지』, 『성경통지』 등이 늘어오면시 오히려 요동 지역에서 우리 민족의 정체성을 발견하는 것이 중요한 과제가 되었다.

고증적 학문의 수용과 발달

조선 후기에는 학문 연구의 수준이 높아지면서 관련된 자료를 비교 검토하는 고증적인 연구가 심화되었다. 이에 따라 역사지리학에서도 고증적인 연구가 발전하기 시작했다. 김부식의 『삼국사기』, 권근의 『동국사략』, 관부 편찬의 『동국통감』에서 편찬자의 의도를 보여주는 부분은 주로 사론의 형태로 나타났다. 그러나 실학자들은 역사지리를 연구하면서 방법 면에서 자신의 주장을 논리적으로 고증하고 검증하는 데 주의를 기울였다. 이러한 학문적인 태도를 바탕으로 역사 사료를 비판적으로 검토하는 안목을 가지게 되었다. 이러한 학문적 기반이 있었기에 후일 만주족 위주의 『성경통지』나 『만주원류고』의 역사지리 비정에 비판적으로 접근할 수 있게 되었다.

지식과 정보량의 확대

조선 후기에는 각 분야별로 다양한 백과전서류가 편찬되었다. 이에 따라 조선의 역사와 지리에 대한 내용이 풍부해졌다. 실학자들은 백과전서 편찬을 통해 문물과 제도의 측면에서 조선의 특성을 밝히려고 했다. 중국의 유서류가 도입되어 있었으나 실학자들은 우리의 문화를 계열별로 분류하여 설명하기 위한 백과전서를 집필했다. 이는 이 시기 실학의 중요한 성과 가운데 하나이다. 초기 백과전서인 이수광의 『지봉유설』과 이익의 『성호사설』에서부터 18세기 관부에서 편찬한 『동국문헌비고』, 그리고 19세기 말에 편찬된 한치윤의 『해동역사』, 정원용의 『수향편』·『문헌찰요』, 이유원의 『임하필기』, 윤정기의 『동환록』에 이르기까지 다양한 유형과 내용의 백과전서가 편찬되었다. 이들 백과전서류는 백과적 지식을 형태별·내용별로 분류했는데, 그 내용으로는 조선의 역사와 지리에 대한 정보가 수록되었다. 이러한 백과전서류의 편찬을 통해 조선인들은 우리 역사와 지리에 대한 지식을 넓혀 나갈 수 있었다.

공리적 사고의 확산

역사지리서가 활발히 간행된 배경에는 사회개혁적인 공리적 사고의 확산이 있었다. 임진왜란과 병자호란을 겪으면서 조선 사회에서는 개혁을 위한 경세론(經世論)이 확대되었다. 실학자들은 사회개혁과 부국강병을 달성하기 위해서 사회제도를 연구하고 문제점을 고치려 했다. 그런데 이를 위해서는 먼저 현실을 파악할 필요가 있었다. 이에 따라 지리서에서도 경관을 문학적으로 자랑하기보다 각 지역의 군사와 관방시설을 수록하는 등 공리적 측면이 크게 강조되었다. 한편 선각적인 실학자들이 개혁방안을 제시하면서 각 지역의 토지와 공물, 경제적 산물, 도로와 장시 등 경제 분야에 대한 관심이 증대했다. 따라서 이 시기 사회경제에 대한 점증하는 개혁의식도 역사지리적인 문제에 대한 관심을 촉발하는 요인으로 작동했다.

2
실학자들의 역사지리 연구는 어떻게 진행되었는가

역사지리학의 학문적 발달

 조선 후기 일군의 학자들은 우리나라의 상고 시기 강역과 지리를 대상으로 한 연구 분야를 발전시켰다. 역사지리학은 역사지리라는 특정 분야를 전문적인 연구의 대상으로 삼았다. 당시 많은 학자들이 학문적 교류를 하거나, 선배 세대와 후배 세대가 학문을 전승하고 계승했다. 또한 사실 규명과 고증을 통해 연구 방법의 객관성을 높였다. 특히 과거 역사 속에 등장하는 지명의 현재 지명을 고증하면서 우리나라 역사에 대한 이해의 폭을 넓혔다. 이러한 성과에 비추어 볼 때 역사지리학은 조선 후기 실학의 대표적인 연구 업적이자, 우리나라에서 독자적으로 발전한 학문 분과라고 할 수 있다.

 조선 후기 역사지리를 연구했던 실학자들은 자신의 사회 개혁과 부국강병 의식을 역사지리 연구에 투영하면서 대체로 조선 전기 관부학자들에 비해 국가의 계승과 수도의 변천, 종족의 행방과 지명의 변동, 지역의 산물과 관방시설에 관심을 가졌다. 영역관에 있어서도 조선 전기에 비해 더 북쪽으로 확대하거나 요동 방면으로 비정했다. 실학자들은 확장된 강역의식을 통해 과거의 우리 역사에 대한 자존심을 회복하려고 했다. 실학자들이 중심이 된 이러한 역사 연구와 지리 고증은 양반 사대부의 잡기로서가 아니라 전문적인 연구의 결과물이었다. 중국과의 교류가 확대되면서 자료의 수집이나 해석이 풍부해지고, 고증적인 연구 방법론을 도입하면서 엄밀한 사료 비판이 이루어져 실학자들은 이전과 다른 연구 결과를 산출했다. 조선 후기의 역사지리학은 이러한 전문성을 바탕으로 한 연구 성과를 통해 17~19세기 조선에서 전문적인 학문 분야로 자리 잡게 되었다.

16세기 역사지리학의 등장

조선에서 역사지리에 관한 문제를 학문적으로 연구하기 시작한 사람은 16세기 중반의 한백겸(韓百謙, 1552~1615)이라고 할 수 있다. 16~17세기에 한백겸의 연구를 계승하거나 발전시킨 인물로 오운(吳澐, 1540~1617), 정극후(鄭克後, 1577~1658), 권별(權鼈, 1589~1671), 허목(許穆, 1595~1682), 홍여하(洪汝河, 1620~1674), 유형원(柳馨遠, 1622~

1673), 남구만(南九萬, 1629~1711), 홍만종(洪萬宗, 1643~1725), 이세구(李世龜, 1646~1700), 이이명(李頤命, 1658~1722) 등을 들 수 있다.

한백겸은 최초의 역사지리 전문서인 『동국지리지』에서 조선 전기의 삼조선 - 사군 - 삼한 - 삼국으로 이어지는 단선적인 체계에서 벗어나 남쪽은 남쪽대로, 북쪽은 북쪽대로 각기 독자적으로 발전했다는 '남자남북자북(南自南北自北)'의 이원적인 발전체계를 제시했다. 특히 삼한의 위치 문제에서 최치원의 마한 - 고구려설이나 권근의 변한 - 고구려설을 비판하면서 북방의 고구려와는 별개로 남방에 삼한이 있었으며, 그 경계를 한강 일대로 보았다. 삼한과 후대 국가에 대해서는 마한 - 백제, 변한 - 가야, 진한 - 신라설을 제시했다. 북방과 요동 지역에 대해서는 중국의 정사 자료를 활용하여 내용을 보강했다. 그는 강역과 관방에 대한 역사와 지리를 실증적인 방법으로 연구하여 역사지리학의 성립에 크게 기여했다.

오운은 『동사찬요』의 초기본에서 조선 전기 『동국통감』의 역사지리 주장을 그대로 계승했다. 그러나 한백겸과 여러 차례 서신을 교환하면서 삼한실의 내용을 듣고서는 오히려 남쪽과 북쪽이 별개의 세계를 구성하여 발전했다는 주장을 지지하기에 이르렀다. 그 점은 『동국통감제강』과 『휘찬여사』를 편찬한 영남 남인 출신의 홍여하도 마찬가지였다. 이들은

17세기 사략형 사서나 강목체 사서를 편찬한 선구적 인물로서 유교적 포폄사관과 정통론에 입각한 역사서를 편찬했지만 역사지리적 측면에서는 한백겸으로부터 영향을 받았다.

유형원은 역사와 지리에 대한 연구를 사회개혁적 차원으로 끌어올렸다. 실학의 개조로 평가받는 유형원은 당대의 현실을 파악하기 위해 전국을 답사하면서 전국지인 『동국여지지』를 편찬했다. 유형원은 이를 바탕으로 사회개혁서인 『반계수록』을 완성했다. 『동국여지지』는 현실을 파악하기 위한 자료인 셈이었다. 『동국여지지』는 전국을 대상으로 한 지리지였으나, 역사적 연원을 중시했던 그는 연혁조에 지역의 역사지리적 내용을 크게 보충했다. 특히 북방의 고구려와 남방의 백제와 관련하여 자세하게 다루었다. 유형원은 한백겸의 삼한설을 수용함으로써 우리 상고사가 남북이 따로 이원적으로 발전했음을 인식했다.

한백겸 이후 역사지리를 전문적으로 연구하는 학자들이 등장했으며, 이들의 연구는 상호 계승되는 측면이 있었다. 유형원의 연구 성과도 『여지지』라는 이름으로 18세기 실학자인 안정복의 『동사강목』「지리고」나 신경준의 『강계고』·『동국문헌비고』「여지고」에 계승되었다.

18세기 역사지리학의 만개

18세기 역사지리를 연구했던 학자는 매우 다양하다. 이익(李瀷, 1681~1763), 임상덕(林象德, 1683~1719), 윤동규(尹東奎, 1695~1773), 이돈중(李敦中, 1703~?), 신경준(申景濬, 1712~1781), 안정복(安鼎福, 1712~1791), 유광익(柳光翼, 1713~1780), 이만운(李萬運, 1723~1797), 홍양호(洪良浩, 1724~1802), 위백규(魏伯珪, 1727~1798), 이종휘(李種徽, 1731~1797), 이긍익(李肯翊, 1736~1806), 박지원(朴趾源, 1737~1805), 이덕무(李德懋, 1741~1793), 유득공(柳得恭, 1749~1807), 박제가(朴齊家, 1750~1805) 등이 주목된다. 이들은 대부분 후대에 실학자로 평가받게 되는 인물들이다.

18세기에 과거를 통한 관직 진출 통로가 좁아진 데다 특정 정치세력이 관직을 독점하면서 비주류 세력은 관직에 진출하기 어려워졌다. 이에 특정한 분야를 평생 전문적으로 연구하는 학자 집단들이 나타나게 되었다. 그 가운데 역사지리를 연구하는 전문가들이 등장했으며, 특히 이익, 신경준, 안정복 등에 의해 이루어진 역사지리 연구는 그 내용이나 방법이 이전 시기에 비해 훨씬 정교했다. 강세항(姜再恒, 1689~1756)의 『동사평증(東史評証)』에서 보이듯이 18세기 주자학의 심화와 함께 등장하여 주로 도덕적 평가에 치우쳤던 사론(史論) 형식의 역사학 분야에서도 역사지리 연구의 영향을 볼 수 있다.

신경준은 한백겸과 유형원에 의해 이루어진 역사지리학 연구를 토대로 자신의 연구를 심화시키면서 당시까지의 연구를 총정리하여 『강계고』에 집약시켰다. 그의 역사지리 연구는 영조 대 『동국문헌비고』「여지고」의 편찬으로 이어졌다.

안정복은 유형원의 글을 읽으면서 역사지리 연구를 심화시켰으며, 『동사강목』「지리고」를 집필할 때 유형원의 글에서 시사받은 바가 크다. 안정복의 역사지리 연구는 당대에 나온 역사서 가운데 정확성과 정밀성에서 최고 수준을 보여주었다. 안정복의 연구는 『동국문헌비고』를 계승하여 이만운이 편찬한 『증정문헌비고』「여지고」에도 일정하게 영향을 미쳤다.

한편 이종휘의 생각은 당시 학자들과 비교해 특별했다. 이종휘는 상고기 영역을 일반적인 학계 동향에 비해 파격적으로 넓게 이해했으며, 단군을 본기로 설정함으로써 우리 상고사의 기원을 더욱 확장했다. 고유한 우리 문화와 신교(神敎)에 대한 이종휘의 생각은 개화기 지식인과 근대 민족주의 역사학자들로부터 주목을 받았다.

18세기 학자들은 압록강 북쪽에까지 우리나라 고대기 소국가들이 활동했던 것으로 묘사하고 있는 『요사』와 『금사』 등의 자료를 적극적으로 활용했다. 북학파 계열의 인물들은 중국 연행 경험을 바탕으로 삼국 가운데 고구려의 역사적 위상을 높이 평가했다. 그리고 고대사의 중심 무대를 요동 또는 영고탑 일원으로 비정했다. 18세기의 역사지리 연구자들은 단군조선과 기자조선으로 이어지는 상고사의 흐름을 명확히 인지하여 상고기 서술은 대부분 단군에서부터 시작했다. 일부 학자들은 기자조선과 한사군의 영역을 아예 요동 일원으로 비정했다. 이러한 역사지리 인식을 시각적으로 보여주는 역사지도류에서도 기자나 한사군의 일부를 압록강 이북에 비정하고 있다.

한편 이 시기에는 국내의 역사지리에 대한 연구뿐만 아니라 서학의 지리서들이 들어오면서 관심 영역과 연구 대상이 국외로까지 확대되었다. 이돈중의 『동문광고』, 위백규의 『환영지』, 서명응의 『위사』 등에서 볼 수 있듯이 요동을 포함하여 서역제국, 일본, 대만, 류큐, 북아시아 등에 이르기까지 그 관심 영역을 넓혔다.

19세기 역사지리학의 재편과 계승

19세기 전반을 이끌어 나간 학자들로 서영보(徐榮輔, 1759~1816), 성해응(成海應, 1760~1839), 정약용(丁若鏞, 1762~1836), 한치윤(韓致奫, 1765~1814), 홍석주(洪奭周, 1774~1842), 홍경모(洪敬謨, 1774~1851), 한진서(韓鎭書, 1777~?), 이원익(李源益, 1792~1854) 등을 들 수 있다.

이 가운데 실학자의 연구로 주목되는 인물은 정약용이다.

정약용의 탁월성은 이전 시기의 연구를 비판적으로 극복하고 있다는 점에 있다. 그는 이전 시기 연구와는 달리 상고사의 중심 무대를 한반도 안으로 끌어들이려 했다. 이는 조선 강토의 범위와 정체성을 확인하려는 의도에서 나온 것이다.

이에 반해 서영보, 성해응을 비롯하여 홍경모, 이원익 같은 이들이 18세기의 안정복이나 이만운의 연구 성과를 바탕으로 고증적으로 보완해나가는 작업을 이어가고 있었다. 성해응과 홍경모 등은 비록 전문 저술 형태는 아니나 역사지리에 대한 많은 논설을 제시했다. 북방 지역에 대한 행정적 관심은 폐사군복구론(廢四郡復舊論)으로, 요동 지역과 두만강 북쪽 지역에 대한 아쉬움은 요동수복론(遼東收復論)으로 나타났다.

정약용과 그 제자들로 이어지는 다산학파의 역사지리 인식은 이들과는 달리 우리의 역사적 정통과 민족적 순수성의 발견에 주목하고 있다. 그 과정에서 단군, 기자, 사군의 중심 위치를 한반도에 비정했다. 그리고 예맥과 발해를 우리 역사에 수용하기를 주저했다. 또한 압록강과 두만강의 경계선 확보가 역사상이나 국방상에 큰 의미를 지니는 것으로 보았다. 다산학파의 역사지리 연구는 전통시대 학문의 고증적인 연구 수준에서 나온 것이지만 그들의 전문적 연구, 실증과 고증의 활용, 학문적 독립성과 객관성의 추구 등은 학문의 독립성 확보에 크게 기여했다. 내용 면에서 드러나는 강토에 대한 관심,

주체적 자국의식, 한강 이남에 대한 지역의식 등은 근대 역사학 분야에서도 중시되었다. 따라서 이들의 연구는 비록 서구의 근대 역사지리학과는 달랐다고 하나, 우리나라 근대 역사학에 학문적·정신적 토대를 제공했다고 할 수 있다. 대표적인 연구 성과로 정학연(丁學淵)의 『유산필기(酉山筆記)』, 이강회(李綱會)의 『유암총서(柳菴叢書)』와 『운곡잡저(雲谷雜櫡)』, 이청(李晴)의 『정관편(井觀編)』, 윤정기(尹廷琦)의 『동환록(東寰錄)』 등이 있다.

한편 자료들을 별다른 비판 없이 인용했던 이전의 연구와는 달리 이 시기에 들어와서는 그 신빙성을 고증하려는 연구 경향이 증대되었다. 『요사』, 『성경통지』, 『대청일통지』 등의 자료를 『사기』, 『한서』 등의 정사 자료와 비교하여 이들 자료의 허구성을 지적하고 그에 근간하고 있던 이전 시기의 연구를 극복하려고 노력했다. 이 과정에서 가장 큰 극복의 대상이 된 것이 바로 신경준의 연구였다. 이 시기 역사지리학은 신경준의 연구 성과를 고증적 측면에서 비판적으로 극복하려는 데서 출발했다.

19세기 후반에 등장한 역사지리학자들은 실학의 훈도를 받은 마지막 세대라고 할 수 있다. 이들 가운데 전통적인 역사지리 연구 경향을 계승한 학자로 김정호(金正浩, 1800?~?), 박주종(朴周鍾, 1813~1887), 윤정기(尹廷琦, 1814~1879), 이유원(李裕元, 1814~1888) 등을 들 수 있다.

　김정호는 전국지로 편찬된 지리서인 『대동지지(大東地志)』에서 18세기 학자들의 연구 성과를 바탕으로 하면서도 북학파 학자들의 주장까지 수렴하고 있다. 박주종은 사찬 백과사전인 『동국통지(東國通志)』에서 이익과 이종휘의 연구를 계승하면서 도회(都會)와 같은 문화권에 대한 자각을 보여주고 있다. 그리고 윤정기는 역사지리 백과사전인 『동환록』에서 정약용의 지리 고증을 조술하면서 이전의 연구 성과를 사전식으로 편집하고 있다. 이유원은 백과사전의 저술을 통해 역사지리학의 확산에 기여했다. 이들의 저술은 실학파 지식인들의 사상적 계승이라는 측면에서 주목된다.

제 4 장

실학자들의 우리나라 역사지리에 대한 인식

1
16~17세기 실학자들의 역사지리 인식

한백겸(韓百謙, 1552~1615)

역사지리학이 독립적인 학문의 모습을 갖추게 된 것은 한백겸에서 시작되었다고 할 수 있다. 한백겸이 편찬한 『동국지리지(東國地理誌)』(1615년 완성, 1640년 간행)는 이전의 지리서나 지리지에서 일부 언급되어왔던 우리나라 역사지리에 대한 내용을 다양한 자료의 활용과 고증적 논증 방법을 통해 체계적이고 종합적으로 연구한 책이라고 할 수 있다.

16세기에는 권문해(權文海, 1534~1591)의 『대동운부군옥(大東韻府群玉)』, 이수광(李睟光, 1563~1628)의 『지봉유설(芝峯類說)』, 김육(金堉, 1580~1658)의 『유원총보(類苑叢寶)』 등의 유서류들이 역사지리에 대한 간단한 서술이나 논증을 수록하고 있었지만, 역사 고증의 측면에서 보면 그다지 고증이나 변석이 이루어지지 않았다. 체재에서도 자료를 집적하는 전통적인 유서의 형태를 벗어나지 못했다. 역사지리에 대한 간단한 내용을 여러 책에서 수집하여 나열한 것에 지나지 않았다. 물론 이러한 유서도 역사지리에 대한 지식의 확대라는 점에서는 중요한 학문적 기초를 이루었다고 할 수 있다.

그런데 조선 전기의 『동국여지승람(東國輿地勝覽)』이 지역의 역사적 유래를 설명하면서 지명이나 역사 고증의 형태를 보여주는 수준이었다면, 한백겸에 이르러서는 이 주제를 본격적이고 체계적인 저술의 형태로 집필하고 있다. 한백겸의 『동국지리지』는 정사 지(志)의 한 부분인 지리지(地理志)와도 다르다. 정사의 지리지가 군현의 변천이나 상하관계를 중시했으며, 관찬 지리서들이 당대의 문화적 성과를 과시하는 데 주안점이 있었다면 한백겸의 『동국지리지』는 강역의 역사적 변화와 관방의 실태를 밝히는 것을 주된 목표로 삼았다. 강역의 변화를 다루다 보니 자연히 우리나라 고대 국가들의 흥망과 역사지리의 변동을 고증하게 되었다. 형태는 지리 고증이지만 역사적 사실을 밝히는 학문성을 지니게 된 것이다.

또한 한백겸은 특정 주제에 대해 여러 사료를 열거하고 그 이동(異同)을 검토하는 방법론을 적용하여 『동국지리지』를 편찬했다. 이는 단순히 사료를 나열하는 데 그쳤던 이전의 학문적 방법과는 전혀 다른 새로운 방법이었다. 한백겸은 역사서 내 여러 기록 사이의 상이점을 비교 검토했다. 또한 역사지리에 대한 고증을 위해 음의 유사성, 전해 내려오는 기록, 현재의 형세, 남아 있는 유적 등을 참조하여 여러 문헌의 이동을 파악했다. 이러한 학문적 태도는 선현의 설을 그대로 계승하는 것을 당연하게 여겼던 이전의 학문적 자세와는 다른 것이었다.

한백겸은 우리나라 상고사를 남자남북자북(南自南北自北)이라는 논리로 정의하면서 상고사를 살펴보았다. 즉 우리나라 상고사는 남쪽과 북쪽이 별개로 발전했다는 것이다. 또한 마한, 진한, 변한의 삼한을 바로 삼국과 연결하지 않고 남쪽에서 독자적으로 진행된 역사로 보았다. 이것은 한백겸이 남긴 우리나라 고대사에 대한 획기적인 관점이었다. 이후 역사지리를 연구하는 학자들은 대부분 한백겸의 설을 정설로 받아들였다.

한백겸이 『동국지리지』를 편찬하는 데 동기를 제공한 이는 오운이었다. 오운의 『동사찬요(東史纂要)』를 한백겸이 1613년(광해군 5)에 우연히 보게 되었는데 삼한과 사군의 지리 비정에 대해 틀린 곳이 많다는 불만에서 〈동사찬요후서(東史纂要後敍)〉를 짓게 되었고, 그것이 『동국지리지』 편찬으로 이어졌다. 오운도 또한 한백겸의 비판에 자극을 받아 『동사찬요』에 별도로 「지리지」를 추가하여 1614년 3차 개찬본을 편찬했다.

한백겸의 연구는 삼국 이전의 국가나 부족을 체계적으로

이해하는 데 크게 기여했다. 『삼국유사』와 『제왕운기』이래 자료 검토 없이 추정으로 계통이나 위치를 비정했던 것과는 달리 우리나라 고대기 국가들을 전체적인 역사 진행에 맞추어 체계적으로 파악하기 시작한 최초의 학문적인 논의였다.

고조선과 한사군의 위치를 한반도 안에 비정함으로써 영역적으로 확대하지는 못했다. 그러나 졸본부여 등 일부 상고사의 영역을 만주까지 확대하여 이해하거나, 신라 통일 직후 만주 영토 상실에 유감을 표시하거나, 혹은 고려와 조선시대에 설치된 북방의 관방시설에 관심을 가진 것은 확대된 영역관을 보여준다고 할 수 있다.

남자남북자북설은 사군 설치 이전에 이미 삼한이 한강 이남에 있으면서 북방의 조선, 부여, 옥저, 동예 등과 공존하고 있었다는 주장이다. 이러한 남북이원적(南北二元的)인 국사 체계는 우리나라가 중국 세력의 영향에서 벗어나 자주성과 독자성을 지닌 지역이었음을 강조한 것이다. 삼한의 성립과 위치에 대해 마한 = 백제, 진한 = 신라, 변한 = 가락이라고 주장함으로써 삼한의 영역을 한반도 남단으로 비정했다. 이는 『동국통감』 이래 삼한에서 바로 삼국으로 진행되었다고 보았던 조선 전기의 한국사 체계와는 완전히 다른 새로운 역사의 진행 체계를 구축한 것이다. 이는 한백겸 역사학의 가장 큰 성과이자 특징이다.

한사군의 위치에 대해서는 낙랑의 읍치 조선현은 평양부로, 임둔의 읍치 동이현은 강릉부로, 현도의 읍치 옥저성은 함흥부로 비정했다. 진번(眞番)은 황해도 평산을 포함한 지역과 평안도 평양 이서(관서 일대), 강원도 춘천 이북의 일부를 차지하는 것으로 비정하면서 그 북쪽 경계를 성천(成川)·은산(殷山)으로 보았으며, 삽현의 위치도 평양 이서로 보았다. 따라서 한사군은 한반도 영역을 넘어서지 못하고 있다. 다만 2군으로 합속된 후 고구려 서북으로 옮겨간 현도는 요동 일원에 있었던 것으로 비정했다.

주몽 고구려의 발상지에 대해서는 『동국여지승람』의 평안도 성천(成川)설에서 벗어나 요동 지방에 비정했다. 이는 고구려가 가장 먼저 건국된 나라이면서 가장 큰 강역을 가졌던 나라로 인식했기 때문이다.

상고시대의 지리 비정에서 또 다른 중요한 연구 과제였던 하천에 대해서는 마자수=압록강, 패수=청천강, 대수=대동강, 열수=한강으로 비정했다. 한사군의 위치를 한반도 내에서 상정했기 때문에 패수도 한반도 일원에서 비정될 수밖에 없었다. 그리고 진한 이래로 패수가 조선의 북쪽 경계를 이루었다고 했는데 대동강을 국경으로 설정할 수 없기 때문에 청천강으로 비정했다.

삼국사 이후의 서술에서는 국가의 수도, 영토, 형세, 관방을 주로 밝히려고 했다. 이는 전통적인 수도 중심의 역사지리 인식을 보여주는 것이기도 하다. 다만 이전과는 달리 주요 방어시설과 군사 요충지에 대한 관심이 커짐에 따라 당시 당면하고 있던 이민족의 침입에 대비하려는 의식을 보여주고 있다. 삼국사에 대한 서술도 『삼국사기』와는 달리 고구려 - 백제 - 신라 순으로 적었다.

고려시대에 대해서는 비록 5도 양계 지방을 정리하고 있지만, 특히 양계 지방의 군현에 대해 상세하게 서술하고 있으며 윤관이 정벌한 9성에 대해서는 함흥과 단천, 길주 경내로 보고 있다. 특히 논란이 되었던 공험진은 마천령과 마운령 부근으로 비정했다. 이러한 9성의 위치 비정은 조선 중·후기 역사지리를 연구하는 대다수 학자들의 지지를 받았다.

그러나 한백겸의 『동국지리지』는 엄밀한 사료 비판이나 논증적인 연구로 이어지지 못하는 한계를 보였으며, 지명 고증의 수준을 크게 벗어나지 못했다. 따라서 상호 모순되는 내용이 많고 한사군의 위치 비정에서는 무리와 억측이 많다. 지명 고증의 범위도 전통적인 『삼국사기』·『고려사』·『동국여지승람』의 반도 중심적인 영역관에서 그다지 벗어나지 못했다. 운용된 사료에 있어서도 대체로 『한서』를 중심으로 살피는 데 그쳤다. 따라서 한백겸이 가지고 있던 영역관을 반도 중심적이라고 해도 무리는 없을 것이다. 비록 소수맥(주몽 고구려)을 요동(遼東)에 비정하는 모습을 보이기도 했으나, 한사군의 영역은 한반도를 벗어나지 못했기 때문이다. 또한 조선＝평안도, 진번＝반도 내, 국내성＝인주(獜州), 낙랑군 수성현＝수안군, 윤관 9성＝두만강 이내 등으로 조선 후기 역사학에서 가장 문제가 되는 지역을 주로 반도 내에 비정했다. 연구 방법에 있어서는 안설(按說) 형식의 간단한 비평문 중심이며 그 내용도 고지명과 국도(國都)·강역(疆域)·형세(形勢)·관방(關防) 등을 설명하는 데 집중되어 있다. 따라서 사회개혁을 위한 현실 문제의 해결과는 직접적인 연관을 보여주지 못했다.

이러한 한계에도 불구하고 한백겸은 역사지리 분야를 전문적으로 연구하여 『동국지리지』를 편찬했으며, 방법론적으로는 문헌고증적인 태도를 취함으로써 새로운 연구 영역과 방법을 개척했다는 점에서 역사지리학의 선구자라고 평가할 수 있다.

오운(吳澐, 1540~1617)

오운은 1606년(선조 39) 처음으로 영주에서 『동사찬요(東史纂要)』를 편찬했다. 『동사찬요』는 내용 그 자체도 중요하지만 그 이후 여러 차례에 걸쳐 내용을 수정하고 보충해나갔다는 점에서 주목할 만하다. 우리나라의 전통 사서 가운데 이와 같이 여러 번 수정을 거듭한 경우는 드물다. 유성룡이 『동사찬요』를 읽고서 선조에게 한 본을 봉진했다. 그 후 이 봉진본을 바탕으로 1609년 "만력기유계림부간(萬曆己酉鷄林府刊)"이라는 간기(刊記)를 가진 활자본을 간행했다. 이 책은 오운이 1609년 경주부윤으로 재직하던 당시 8권으로 간행되었다. 그 후 이를 수정하여 11권으로 만들었는데 8권본의 판목을 그대로 이용하면서 새로 들어간 권1상, 권1중, 권1하, 권2상의 4권만 판목을 별도로 만들어 간행했다. 1614년(광해군 6)에는 여기에「지리지」를 보충하여 12권본으로 만들어 영주에서 간행했다. 이때「지리지」를 수정하게 된 것은 한백겸의 지적이 있었기 때문이다. 그 뒤 후손들이 1908년 영주 삼우정에서 16권본을 간행했다.

『동사찬요』의 수정 과정과 함께 오운의 우리 고대사에 대한 역사지리 인식의 변화를 살펴보면 다음과 같다. 먼저 8권본에서는 단군, 기자, 위만의 삼조선에 대해 평양 중심의 인식관에서 벗어나지 못했으나 11권본에서는 단군의 역사적 연원을 구종(九種)의 단계로 끌어올린다거나 기자의 강역을 요하 이동, 한수 이북으로 상정하여 강역을 확대하여 이해하는 등 그 위상이 높아지거나 영역이 확대되는 모습을 보이고 있다.

위만을 이은 사군에 대해서는 낙랑 = 조선현, 임둔 = 동이현, 현도군 = 옥저성, 진번군 = 삽현이라는 전통적인 해석을 수용하면서도 그중 현도군의 위치를 심양 일원으로 비정함으로써 조선 중기 이래 현도를 요동 지역으로 상정하고자 하는 선구적인 인식을 드러냈다. 이 시기 패수에 대한 논의에서 보이듯이 과거의 한 지명에 대해 여러 자료들을 비교하여 시기별로 다르게 지칭할 수 있음을 언급함으로써 이후 다양한 역사지리에 대한 비정의 선구적 형태를 보여주기도 한다.

삼한의 위치에 대해서는 권근의 삼한설에 따른 마한＝백제, 변한＝고구려, 진한＝신라라는 생각을 지지했으나 한백겸과 여러 차례 서신을 교환하면서 차츰 회의를 품게 되었다. 물론 기존의 글을 그대로 수록한 권1의 삼한 부분에서는 자신의 생각을 크게 수정하지 않았으나 12권본의 「지리지」 서문에서는 한백겸의 남북이원론에 입각한 삼한설을 받아들이기에 이르렀다.

삼국의 역사지리 가운데 고구려의 초기 지명과 국도는 요동에 비정하고 있으며, 고구려의 영역은 남쪽으로 한강, 북쪽으로 요하에 이를 정도로 삼국 가운데 가장 넓은 영토를 차지한 것으로 보았다. 이러한 영토관은 「지리지」의 서술에서 고구려 군현의 명칭에 대한 보충으로 나타났다.

오운의 역사지리 인식은 상고기의 강역을 한반도 내의 좁은 영역에서 보는 조선 전기의 역사지리 인식에서 벗어나 차츰 요동 일원으로 인식을 넓혀 나가고 있던 조선 후기 역사지리 인식으로 넘어가는 과정의 산물로 평가할 수 있다. 오운은

『동사찬요』의 사론에서 나타나듯이 비록 유교의 도덕률과 합리성을 기반으로 주자학의 정통논리를 적용하려는 역사 인식을 보이고 있지만 역사지리 분야에서는 차츰 한백겸의 영향을 받아 영역관을 넓혀 나가고 있었음을 알 수 있다.

정극후(鄭克後, 1577~1658)

정극후는 『역년통고(歷年通考)』라는 일종의 연표를 작성하면서 부편으로 〈동방국도고(東方國都考)〉를 남겼다. 이는 우리나라 상고시대의 역대 수도에 대한 역사지리적인 고찰이다.

정극후는 우리나라의 상고사가 단군 - 기자 - 위만을 거쳐 한수 이남에는 삼한이, 한수 이북에는 사군이 들어선 것으로 정리했다. 삼한의 위치에 대해서는 『한서』와 한백겸의 주장을 수용하면서도 한백겸이 김수로가 일어난 곳인 김해를 변한으로 비정했음을 소개하면서, 진한과 너무 가까워 과연 그러한지는 의심스럽다고 하면서 지금의 영남우도의 남변 일대로 비정했다.

이에 반해 북쪽 지역에는 한무제에 의해 사군이 설치되었으며, 그중 문제가 되는 진번의 위치에 대해서는 낙랑과 현도 사이로 비정한 한백겸의 설을 소개하고 정극후 자신은 함경도 북변의 오랑캐가 사는 곳에 비정했다. 요동의 동쪽으로 한의 장안에서 가장 먼 곳을 바로 옛날 진번의 땅으로 추정했다.

이 북쪽 지역은 그 후 이부와 이군이 잇게 되었다. 그리고 남쪽에서 신라가 진한을 잇게 된 반면에 북쪽에서는 졸본, 즉 지금의 성천에 도읍한 고구려가 자리 잡은 것으로 정리했다. 그런데 유리왕(琉璃王) 때 이도(移都)한 국내성(國內城)이나 산상왕(山上王) 때 이도한 환도성(丸都城)은 모두 요동에 있었던 것으로 비정했다. 백제는 처음에 위례성, 즉 지금의 직산에서 도읍한 것으로 적었다. 신라 말 다시 국토가 삼분되었다가 궁예와 견훤을 거쳐 고려로 통일되었고, 이후 본조로 이어졌다고 정리했다.

정극후의 영역관은 대체로 조선 전기의 영역관을 그대로 계승한 것이다. 고구려의 초도지를 평안도 성천으로 비정하거나 백제의 위례성을 직산으로 비정한 것 등이 그러하다. 다만 진번에 대해서는 조선 중기 이후 차츰 요동 지역으로 비정하는 분위기에 따라 확실하지는 않으나 함경도 북변의 오랑캐가 사는 곳, 요동의 동쪽으로 보았다. 즉 영역관에 있어서 차츰 요동 지역으로 확대하려는 경향이 나타나고 있음을 보여준다.

『역년통고』〈동방국도고〉의 내용은 그 이후 역사지리를 연구하는 학자들의 주목을 받았다. 숙종 연간에 편찬된 홍만종의 『동국역대총목』에 『역년통고』의 진번설이 인용되었으며, 이후 신경준이 진번설에 주목하여 『강계고』에 인용했다. 또한 삼한 역년에 대해 신경준은 정극후가 마한 성립에서부터 삼한의 각 역년을 계산한 것을 비판하고, 진한은 마한보다 후대에 일어났다고 주장했다.

한편 정약용은 진번에 대한 정극후의 설을 부정하면서 장백산 서쪽이라는 설을 제기했다. 이는 『역년통고』의 내용 가운데 진번 비정이나 역년 계산과 같은 핵심적인 사항들이 후대 학자들에게 지속적인 관심의 대상이 되었음을 보여준다.

『역년통고』는 역년 계산과 역사지리에 대한 인식에서 새로운 모습을 보여준다는 점에서 17세기 역사학의 변화를 짐작하게 한다. 또한 『역년통고』는 이후 주자학적 정통주의를 더욱 엄격히 적용하거나 다양한 지리 비정을 행했던 연표류와 역사지리서에서 전개되는 학문적 양상의 선구적 위치를 차지한 것으로 평가된다.

권별(權鼈, 1589~1671)

권별이 편찬한 인물 백과사전으로 필사본 14권 14책의 『해동잡록(海東雜錄)』이 있다. 비록 인물 백과사전의 체재를 따르고 있으나 기술 내용에서 후대 역사지리서에 큰 영향을 미친 책이다.

『해동잡록』의 편찬 순서는 단군조선 - 기자조선 - 위만조선 - 삼한 - 신라 · 가락 · 고구려 · 백제 - 고려의 순으로 왕조의 역사를 기술하고 있어 권별이 파악하고 있는 역사의 전개 과정을 알 수 있다. 특히 단군조선, 기자조선, 위만조선 조항에서는 다양한 사서에서 관련 내용을 수집하고 있다. 삼조선에 대해서는 당시까지 나온 사서 가운데 가장 많은 정보량을 보여준다. 고려 말에 형성된 단군에서부터 고려에 이르는 일원적인 역사 체계가 조선 전기에 수용되면서 16~17세기에 유행했던 사략형 사서에는 단군과 기자가 가장 앞서서 나오게 되었다. 『해동잡록』에서 단군이 가장 먼저 나오는 것도 당시 이러한 사략형 사서의 편찬 경향에서 영향을 받은 것이다.

단군의 기사에 대해서는 웅녀가 인간이 되기를 축원한 장소인 태백산은 묘향산으로, 사망 후 매장된 곳을 강동현(江東縣)으로, 후손들이 기자를 피하여 이도한 곳을 문화(文化)로, 해부루를 단군의 아들로 설정하고 있다. 그리고 우리나라와 중국의 역년이 대등함을 적은 기록을 인용하고 있다. 그러나 단군의 수가 1천 년이 넘었다는 기록에 대해서는 인간의 수명에 비추어 비판하고 그것을 향국(享國)한 연대로 보았다. 이전 기록에서는 그다지 언급되지 않았던 강화도(江華島)와 관련된 단군 기록을 수집하여 배치한 점, 단군 기록을 합리적으로 해석하고자 한 점, 단군 전승을 통해 조선 국가의 유구성을 드러내려고 한 점 등은 특징적이다.

기자에 대해서는 이전 사서와는 달리 매우 다양한 자료들을 수집하고 있다. 기사 끝에는 기자의 본성(本姓)은 자씨(子

氏)이고 이름은 수유(須臾)라는 『한서(漢書)』를 비롯하여, 국·내외의 다양한 문헌을 참고했다. 기자에 대한 조선 전기 유신들의 관심과 이를 뒷받침하는 문헌적 근거를 볼 수 있다. 기자가 평양을 중심으로 교화를 베푼 것으로 정리한 점, 기자에 대한 다양한 기록을 수집하고 있는 점 등은 특징적이다.

위만조선에 대해서는 연(燕)나라 사람이었던 위만(衛滿)이 기준(箕準)을 쫓아내고 평양을 근거로 조선 명칭을 계승하여 88년을 전세한 것으로 적고 있다. 한나라가 위만을 점령하고 그 자리에 한사군을 설치한 것으로 적고 있다. 이전의 사서들은 사군과 이부를 모두 별도의 단위로 내세워 우리 역사에서 기술했는데, 권별은 이를 위만조선의 아래에 설명하는 방식으로 붙여두었다.

삼한에 대해서는 기준이 위만을 피해 금마군에서 개국했는데 그곳을 지금의 평안도로 비정하고 있으며, 진한은 진의 망인이 경상도에 들어와 세운 나라로, 변한은 지금의 전라도로 비정하고 있다. 마한을 평안도로 비정한 것은 최치원의 설을 받아들여 『삼국유사』와 『제왕운기』 등 고려시대 사서에서 일반적으로 수용했던 의견인데, 권별이 『삼국유사』와 『제왕운기』 등의 자료를 참조했기 때문에 이로부터 영향을 받은 것으로 보인다.

삼국에서는 가장 먼저 신라를 기술한 다음 가락, 고구려,

백제의 순으로 기술하고 있어 신라 중심주의가 관철되고 있다. 신라 통일을 별개의 시기로 설정하지 않고 혁거세에서 경순왕까지 모두 다루었다.

사군 이부를 위만에 붙여 간략히 적고 바로 삼한 삼국으로 적고 있는 점, 통일신라를 설정하지 않고 신라를 모두 적고 이어 고구려와 백제를 적은 점은 『해동잡록』에서 보이는 기술 방식이며, 이러한 기술은 한 세대 뒤인 이유장(李惟樟, 1625~1701)이 편찬한 『동사절요(東史節要)』의 서술 방식과 유사하다. 영남 지역 퇴계학파를 계승한 이유장의 『동사절요』는 우리나라 역사의 전개 과정을 조선(단군·기자·위만), 삼한(마한·진한·변한), 신라, 고구려, 백제, 부 가락국, 태봉, 후백제로 기술하고 있다. 이는 한 세대 전의 선배 학자인 권별의 『해동잡록』 역사편 기술과 매우 유사하여 그 책으로부터 영향 받았음을 엿볼 수 있다. 『해동잡록』의 고려 끝에는 궁예와 견훤을 부기하고 있으며 이는 일종의 반역전에 해당한다.

권별은 『해동잡록』 역사편에서 단군에서 고려로 이어지는 정통 왕조를 밝히면서 기자-마한-신라 정통의식을 보이고 있다. 이러한 구성은 16세기에 유행했던 『표제음주동국사략』, 『동사찬요』 등 사략형 사서의 형태로부터 영향을 받았음을 알 수 있다. 유희령(柳希齡)의 『표제음주동국사략』으로부터 영향을 받았음을 알 수 있는 근거로는 국내에서 나온 자료 가운데 기자의 이름을 수유(須由)라고 적은 것은 『표제음주동국사략』에서 가장 먼저 나오는 점, 위만에 사군 이부를 포함시켜 적은 점, 삼국을 혼합하여 적지 않고 분립하여 적은 점, 통일된 신라를 별도로 설정하지 않고 혁거세에서 경순왕까지 모두 적은 점 등을 들 수 있다.

고대 군소국가를 설명할 때는 역년과 연혁을 간략히 기술하고 있으나 삼국을 기술할 때는 쌍행으로 지리와 역년을 기재하고 왕들의 업적을 적고 있다. 권별은 인물에 대한 관심이 높았으므로 왕조의 기술에서는 국왕을 표제로 내세웠던 것으로 보인다. 국왕을 기술할 때 신라의 경우 고유한 지배자의 칭호를 붙이지 않고 일률적으로 칭왕(稱王)하고 여왕인 선덕은 선덕여주(善德女主), 진덕은 진덕여주(眞德女主), 진성은 진성주(眞聖主)로 기록했다. 또한 고려 말 기사에서 우왕과 창왕을 기술하면서 신우(辛禑)와 신창(辛昌)으로 적고 공민왕 뒤에 시간 순서에 따라 배치했다. 이는 『동사찬요』의 서술을 수용한 것이다.

권별의 『해동잡록』은 17세기 후반 정통론에 입각한 대표적인 역사서인 홍여하의 『동국통감제강』(1672년 편찬)에 큰 영향을 미쳤다. 홍여하가 1670년 『해동잡록』의 발문을 적으면서 동방 사학(史學)에 큰 보탬이 될 것이라고 칭송하고 있는 점, 그리고 『해동잡록』에서 보이는 기자-마한 정통론이 『동국통감제강』에서 뚜렷하게 정립된 점 등이 그러하다.

『해동잡록』은 이어서 외구(外寇)로 말갈(靺鞨), 거란(契丹), 몽고(蒙古), 왜(倭)를 기술하고 있다. 아버지 권문해가 임진왜란을 경험했을 뿐만 아니라 권별 자신도 젊은 시절 정묘호란과 병자호란을 겪었기 때문에 이민족에 대한 적개심이 적지 않았을 것이다. 권별에게 있어서 이들은 일종의 오랑캐였으며, 왕조에 큰 화를 입힌 존재였다. 권별은 이 이민족들을 외구로 기록하고 또한 이들로부터 동국이 화를 입은 내용을 기술하고 있다. 그리고 이들 이민족이 일통되지 않았을 때는 두려울 것이 없으나 걸출한 인물이 나왔을 때는 우리와 접경하고 있기 때문에 그 화를 입게 되었음을 적고 이에 대한 경계를 강조하고 있다.

그런데 비록 권별은 이들을 외구라는 관점에서 접근하고 있으나 홍여하의 『휘찬여사』를 비롯하여 허목의 『동사』, 이돈중의 『동문광고』 등의 사서에서 외국으로 기술한 것에서 보이듯이 지식인 집단은 차츰 해외의 나라에 대해 도적 떼라기보다 별개의 다른 나라라는 관점에서 접근하기 시작했다.

허목(許穆, 1595~1682)

허목은 기전체(紀傳體) 한국사(韓國史)로 『동사(東事)』(1667년 1차 편찬)를 저술했다. 정사 형태를 띤 이 책은 역사지리의 고증적인 측면에서는 조선 전기 이래 관부 서적의 영역관에서 그다지 논의를 진전시키지 못했다. 그러나 이 책은 단군 이래 민족사의 전개 과정과 계통에 대해 매우 독특한 시각을 가지고 접근하고 있다.

허목은 단군 이전의 역사 진행을 환인씨 – 신시씨 – 단군씨로 계열화했다. 단군 이후의 역사 진행은 "단군씨 후에 해부루가 있고, 해부루의 뒤에 금와가 있고, 금와의 뒤에 주몽·온조가 있어서 고구려·백제의 시조가 되니 모두 단군씨에 근본을 둔다"라고 하여 단군 이후의 북부여, 동부여, 고구려, 백제 등의 역사 진행은 단군의 맥을 잇는 것으로 정리했다. 이는 이승휴의 『제왕운기』가 처음으로 우리 상고사에 나오는 모든 나라가 단군의 후예라는 인식을 보인 이래 조선 초기 사략형 사서에서 단군조선의 후예라는 의식이 널리 수용되었던 점을 반영한 것으로 여겨진다.

허목은 『동사』에서 고대사의 전개를 북방계의 단군 – 부여 – 고구려·백제와 남방계의 기자 – 마한 – 신라의 두 계열로 이해했다. 이는 한백겸 이래의 고대사 인식 체계를 받아들인 것이다. 세력과 예속을 기준으로 대국인 단군, 기자, 위만, 고구려, 백제, 신라를 세가에, 나머지 소국은 열전에 포함시켰다. 그런데 단군 이전 단계인 신시(神市)시대를 이상적인 문화시대로 파악했다. 또한 단군 단계의 설화들을 실제 역사로 인정했다. 그리고 허목은 단군과 삼한시대를 정치와 풍속이 순박했던 이상적 시대로 간주하고 있다. 이러한 논리가 역사 서술에 반영되면서 고대기의 전제군주가 신이한 이적 속에 탄생하고 역사를 이끌어나간다는 내용을 사실로 받아들였다. 그리고 역대 시조의 출자를 신성한 것으로 묘사했으며, 단군 이래의 고유한 혈통과 문화를 부각시키려 했다.

그러나 지리 비정을 다룬 지승(地乘)에는 많은 오류가 있다. 예를 들어 변한과 마한이 백제에 병합되었고 진번에서 혁거세가 일어났으며, 임둔 이맥의 땅도 모두 신라에 병합되었다고 정리한 점, 가섭원은 북부여 해부루의 땅이며 성천은 옛 비류의 나라로 역시 동부여라고 비정한 점이 그러하다. 따라서 허목은 역사지리의 고증적 측면에서는 그다지 논의를 진전시키지 못했다.

그러나 허목은 조선은 중국과 풍속이 달라 중국 외방에서 별도의 세계를 이루었다고 정의하고 있다. 이에 따라 조선의 상고시대 문화를 중국의 삼대(三代) 문화와 같은 동렬로 평가함으로써 결과적으로 민족문화에 대한 자존감과 독립성을 강조하는 모습을 보이게 되었다. 그리고 고구려는 단군을 계승하고 중원문화를 가장 먼저 수용한 선진국가로 이해했다. 이러한 논리와 생각은 훗날 김교헌, 신채호 등의 개화기 학자들의 주목을 받았다. 그리고 허목은 각 국가나 지역의 문화적 풍토와 풍기를 중시했다. 조선 전기 관부에서 편찬한 지리지에서 행정 권역을 중심으로 각 고을의 연혁과 성씨, 인물을 현양하는 데 중점을 둔 반면에, 허목은 이와는 전혀 다른 개념의 지원(地員)과 화식(貨殖) 그리고 풍토(風土)를 중시했다. 지역의 풍토성에 대한 그의 주목은 각 지역의 자연지리에 대한 관심을 반영하고 있으며, 이는 훗날 이중환의 『택리지』와 맥을 같이하는 것이다.

홍여하(洪汝河, 1620~1674)

홍여하의 『동국통감제강(東國通鑑提綱)』은 기자조선에서부터 통일신라까지의 역사를 강목의 형태로 편년 순에 따라 기술한 책이다. 서두(書頭)의 책명은 "목재가숙동국통감제강(木齋家塾東國通鑑提綱)"이다. 남아 있는 책 가운데 표제를 "동사제강(東史提綱)"으로 적은 것도 있고, 비지문 기록에도 "동사제강"이라는 표현이 있는 점으로 보아 처음 제목은 "동사제강"이었던 것으로 추정된다.

행장에 1639년(인조 17) 고려사에 대한 전문적인 저술인 『휘찬여사(彙纂麗史)』를 편찬하기 시작한 것으로 적혀 있으므로 『휘찬여사』는 홍여하가 젊은 시절에 가지고 있던 고려사에 대한 시각을 정리한 책이라고 할 수 있다. 이에 비해 『동국통감제강』은 장년의 홍여하가 우리나라의 역사를 정리한 책이다. 『동국통감제강』은 1672년(현종 13)에 편찬되었다고 적혀 있어 홍여하가 역사에 관심을 가진 이래 오랜 온축의 시간을 거친 작품이라고 할 수 있다.

홍여하는 『동국통감제강』에서 역사의 정통과 비정통에 대해 춘추필법을 엄격히 적용하려고 했다. 중국 역대 제왕의 사망 기사, 흥망, 일식 기사 등을 적어 한중 양국의 역사를 같이 기록하는 체재를 갖추려고 했으며, 이는 춘추의 기술 정신을 잇는 것이었다. 유교적 관점에서 유년칭원(踰年稱元)의 원칙을 일관되게 적용하여 정리하고, 탄망(誕妄)한 것은 아예 서술에서 제외했다. 홍여하는 당시 『동국통감』을 축약하는 수준에서 한걸음 나아가 유교적 정통관, 춘추필법의 서법을 적용하고 이의 일관된 관점에서 상고사를 정리했다.

『동국통감제강』의 역사지리 기술은 은태사에서 시작하지만, 내용에서는 동방 제국 가운데 하나로 단군을 설정하고 위치를 평양으로 비정했다. 즉 조선에 선행하는 제국으로 동장(東長), 동진(東眞), 숙신(肅愼), 단군(檀君)을 설정하고 있다. 단군을 정통의 선행 왕조라기보다 동방 제국의 하나로 설정한 셈이다. 숙신은 함주·길주, 단군조선은 평양에 비정했다.

단군조선은 나라가 천여 년 동안 지속되었으나 은말(殷末) 나라가 끊어지고 군주가 없으므로 기자가 와서 그 땅에 살면서 기자조선이 되었다고 보았다. 기자는 주(周) 무왕이 은의

주(紂)를 치게 되자 의리상 그의 신하가 될 수 없어서 조선으로 갔으며, 요수를 넘어서 평양에 도읍을 정하고 거주했다고 보았다. 기자는 멀리 요동까지 영토를 차지했으나 후일 연과의 전쟁으로 요양을 경계로 삼게 되었다고 보았다.

평양은 본래 요양의 옛 명칭인데 기자가 도읍을 정하면서 옮겨 칭한 것이며, 패수도 대동강에 옮겨 칭했다고 보았다. 지명이 옮겨졌다는 이 주장은 전통시대의 평면적인 역사지리 비정의 수준에서 본다면 특이한 주장이며, 조선 후기 역사지리학자들 사이에 활발하게 거론되었던 지명이동설의 선구적인 주장이다.

동쪽으로 돌아온 후 기자가 죽고 그 자손들이 후대를 계승했다. 이후 위만에 의해 나라를 찬탈당했는데 『동국통감』에서는 이를 위만조선으로 적었으나 홍여하는 역사의 정통성을 이은 것은 남하한 기준(箕準)이라고 보았다. 게다가 위만이 도읍한 왕검은 요동에 있었던 것으로 보았다.

홍여하의 기자 – 마한 – 신라 정통설과 지명이동설 및 강역 비정은 비록 기자의 위상을 강조하고 위만을 정통에서 배제하려는 의도였지만, 결과적으로는 기자와 위만의 영역이 요동에까지 미쳤다거나 요동에 중심이 있었다는 주장으로 이어졌다. 이는 또한 당시 관찬의 역사서에서는 찾아볼 수 없는 상고기의 국가 성장에 대한 독창적인 주장이었다.

홍여하는 기자의 후손인 기준이 망한 뒤 북쪽의 위만과 남쪽의 마한으로 나누어졌으며, 그 역사적 정통은 마한으로 이어졌다고 보았다. 신라와 백제의 성장으로 마한이 북쪽으로 온 다음에는 기자의 가르침을 제대로 행하지 못하게 되어 자연히 신라로 정통성이 넘어가게 되었음을 부각시키고 있다.

위만 붕괴 이후의 사군 설치와 삼한의 행방에 대해서는 한백겸의 이원적 발전관을 수용하면서도 진번을 경기, 황해가 아니라 요양에 비정하여 조선 초기 권람의 『응제시주』이래 상고 시기 영역을 확대하려는 흐름을 계승한 측면이 있다. 한백겸이 삼한을 한반도 남단에 국한시킨 것에 반해, 홍여하는 고구려가 초기에 평양을 장악하지 못한 점에 주목하여 마한 세력이 복귀하여 다시 확보한 것으로 보았다. 이는 기자와 마찬가지로 상고기의 세력을 고정된 것이 아니라 여러 곳으로 이동했던 것으로 보았다는 점에서 특이한 주장이다.

홍여하는 신라가 들어섰으나 성립 당시만 하더라도 정통성은 여전히 마한에 있었다고 보았으므로 연기 표시의 중심은 여전히 마한이었다. 그래서 혁거세도 단지 거서간이라고 칭했다. 이러한 기술 방식은 마한이 온조에 의해 멸망하고 역사의 정통성이 완전히 신라로 넘어간 남해군 4년(한 *初始* 1, AD 8)까지 이어진다. 남해군 5년(신 *始建國* 1, AD 9) 이후의 연기 표시는 중국의 연기를 소자 쌍행으로 앞세우되 신라의 연기를 대자로 기술하고 이어 고구려와 백제의 연기를 소자 쌍행으로 적어 신라가 역사의 정통성을 계승했음을 보이고 있다. 남해군 5년 이후에는 신라, 고구려, 백제 각 군주의 칭호에 왕(王)을 부여했다. 이후 신라의 정통성은 고려 태조에 의해 멸망한 경순왕 8년(후당 淸泰 2, 935)까지 이어지는 것으로 보고 있다.

이러한 표기 방식은 삼국을 무정통으로 보아 중국의 연기와 신라·고구려·백제의 연기를 차례로 쌍행으로 적고 혁거세 이후 아예 왕이라고 표기한『동국통감』의 방식과는 차이가 있다. 후삼국의 전개에 대해서도『동국통감』은 견훤이 반란을 일으킨 때부터 기산했지만, 홍여하는 견훤과 궁예 모두 즉위하여 왕을 칭한 때를 기준으로 삼아 일관된 원칙을 지키고 있다.

조선 초기『동국사략』에서 나타나는 단군 – 기자 – 위만 – 사군 – 이부 – 삼한 – 삼국으로 이어지는 상고사의 체계는『동국통감』을 통해 국가 차원에서 공인되었는데, 홍여하는 이와 달리 기자 – 마한 – 신라 정통론 중심의 상고사 체계로 재편성했다. 이는 조선 초기 관부를 중심으로 받아들여졌던 삼국균등 무정통론과는 다른 것으로, 고려 말에 도입된 주자학이 사상계의 주류로 자리 잡게 된 상황과 맞물려 있다. 또한 홍여하는 기자와 위만 및 진번을 요동 지역으로까지 확장하여 이해하거나 고구려에 대해서도 이전 시대의 비정에 비해 요동으로 확대하여 이해했다. 고구려의 활동 반경을 요동까지 넓게 이해하면서 신라와 가야에 대한 지리 비정도 한반도 북쪽으로 확대되었다. 홍여하는 우리 고대사의 여러 나라들이 활동했던 공간을 더욱 확장시키고 있다. 또한 『동국통감제강』은 목판본으로 간행되어 널리 유포되었기 때문에 후대에 미친 영향에서도 같은 시기의 다른 사서들을 압도한다.

유형원(柳馨遠, 1622~1673)

유형원은 한백겸에 의해 제기된 역사지리에 대한 여러 문제들을 더욱 광범위하고 고증적으로 다룬 인물이라고 할 수 있다. 유형원은 강역의 역사적인 연원에 주목했다. 그리고 강역 연구를 통해 새로운 공간과 지역을 발견했으며, 지역의 문화적 전통과 가치를 재발견하고자 했다. 이러한 인식은 도덕이나 윤리뿐만 아니라 지리와 같은 물질적인 것도 역사를 움직이는 변수로 중요시했음을 보여준다. 유형원은 『군현제』에서 보이듯이 지리 연구를 통해 당시 조선의 지역 체계를 비판하고 자신이 설정한 이상사회로 접근하는 방법을 제시하고자 했다. 이와 같은 지리 연구는 유형원이 과거 지리를 단순한 사실로 이해하는 데 그치지 않고 시무적(時務的) 입장에서 이해했음을 보여준다.

유형원의 역사지리에 대한 연구 성과를 보여주는 자료로는 『동국여지』를 들 수 있다. 이는 전국을 모두 다룬 형태의 지리서이지만 연혁과 고적조 중 많은 부분은 역사지리와 관련된 내용을 수록하고 있다. 그 내용에서는 조선 전기 국가가 이룩한 성과를 과시하기 위해 관부에서 편찬한 『동국여지승람』의 역사지리에 대한 시각과는 달리 실학자의 개혁론을 위한 기초 자료로서 집성되어 그 지향점에서 상당히 차이를 보이고 있다.

그외 유형원의 역사지리 인식을 보여주는 자료로 안정복이 초록한 자료집인 『동사례(東史例)』에 수록된 〈동사괴설변(東史怪說辨)〉, 〈여박진사자진논동국지지(與朴進士自振論東國地志)〉, 중국 정사에서 우리나라 관련 부분을 초록한 『동국역사가고(東國歷史可考)』 등의 글을 들 수 있다. 그 가운데 〈여박진사자진논동국지지〉는 유형원이 친구인 박자진(朴自振)에게 보낸 서간으로, 기자에서 삼한에 이르기까지 우리나라 역사지리에서 크게 다루어지던 주제에 대해 의견을 개진했다.

유형원은 한백겸의 남자남북자북설을 근간으로 『동국여지승람』 이래의 한반도 중심 이해에서 벗어나 요동을 발견했다. 국내 학자로는 한백겸의 설이 중시되었고, 국외 서적으로는 『요사』, 『일통지』 등이 새로이 참조되었다.

유형원은 강역(疆域)과 연혁(沿革) 등의 역사지리를 중시했다. 신라 중심의 역사 이해에서 벗어나 북계·백제·고구려를 새로이 주목하고 있다. 그리고 참고할 수 있는 사료도 풍부하고 다양해지면서 연구 자료에 있어서는 이전 단계에서 단순히 몇몇 서적으로 비교하던 것과 달리 보다 다양한 서적을 활용했다. 특히 이전의 역사지리서와는 성격이 다른 『요사』를 강역을 파악하는 중요한 자료로 이용해 역사지리 연구에 활용했다.

역사지리 비정에서 기자조선은 오운의 요동 이동, 한수 이북 주장을 수용하면서 요하 이동이 명백하다고 주장했다. 또한 한백겸의 삼한설을 수용하면서도 『대명일통지』와 『요사』를 참조하여 진번(眞番)을 한백겸과는 달리 최초로 요동경내(遼東境內)에 비정하는 등 영역관에서 점차 요동 지역으로 확대되어가는 모습을 보여준다. 유형원은 이를 입증하기 위해 매우 다양한 자료를 활용했다.

유형원은 역사지리학사의 측면에서 본다면 한백겸에 이어 역사지리를 전문적으로 연구한 학자 가운데 한 사람이다. 비록 『동국여지지』의 지리서를 통해 전달되었지만 그의 견해는 훗날 역사지리를 전문적으로 연구하는 학자들에게 지속적인 검토 대상이 되었다. 다만 역사지리적인 논의들이 『동국여지지』라는 전통적인 지리지의 형식을 통해 나타나고 있다는 점은 전문 역사지리서로서 미흡한 한계를 보여주는 것이다.

남구만(南九萬, 1629~1711)과 이세구(李世龜, 1646~1700)

남구만과 이세구는 사제관계로 역사지리 인식과 연구에서 많은 영향을 주고받았다. 전문적인 책자는 아니지만 남구만은 〈동사변증(東史辨證)〉을, 이세구는 〈동국삼한사군고금강역설(東國三韓四郡古今疆域說)〉이라는 역사지리 논설을 저술했다.

남구만의 역사지리 연구의 특징은 단군 이하 상고사의 시작 부분을 고증·변석했다는 점이며, 이는 상고사의 체계 설정과도 관련되어 있다. 그가 주장한 내용 가운데 단군의 역년과 즉위 연대, 입국(立國) 연대에 대한 생각이나, 기자조주론·기자전을 부정하는 견해, 수양산에 대한 『동국여지승람』의 설을 부정한 것은 그의 유교에 입각한 합리적인 역사 인식과 관계가 있는 것으로 생각된다. 그리고 이부(二府)를 부정한다든가, 패수가 여러 강을 지칭함을 지적한 것이라든가, 진번을 요동 동북에 비정한 것은 역사적 사실을 고증 연구를 통해 밝히려 했다는 점에서, 이전 단계의 역사학에서 한걸음 진전한 것이라 할 수 있다. 남구만은 여러 사서들을 비교함으로써 문제점을 찾았으며, 내용의 황탄함을 비판했다. 남구만의 연구는 여러 서적을 두루 대조하여 참고하면서 기존의 설을 비판했다는 특징을 보이고 있다.

이세구의 역사지리 연구의 특징으로는 문헌고증적인 연구 방법을 들 수 있다. 문답 형식으로 이루어진 〈동국삼한사군고금강역설)의 전체 문답은 모두 12가지이며, 문답을 통해 강역의 변화에 대한 자신의 주장뿐만 아니라, 여러 학자들의 강역에 대한 주장에서 모순되는 점을 하나하나 지적하고 있다. 그리고 강역의 변화에 주목하여 단군에서부터 당대의 조선에 이르기까지 통사적인 기술을 하고 있어, 역사를 보다 포괄적인 관점에서 바라보았다. 그리고 이러한 개설적인 서술에 있어서도 이전의 사료를 그대로 재수록하는 기존의 형식에서 벗어나 필요한 부분만을 기록하여 자기 문장화하고 있다. 이는 단순히 자료를 모아 책을 편찬한 것에 머물렀던 역사학에서 연구로서의 역사학으로 발전해가는 모습을 보여주는 것이다.

또한 역사 고증에 있어서는 강역의 변화를 추적하는 데 중점을 두었으며, 그 구체적인 내용으로는 이부(二府)의 압록강 서북과 동남 비정, 사군(四郡) 중 진번의 압록강 이북 비정과 낙랑 일부의 요동 존재 주장, 현도의 여진 지역과 함경도 일부 존재 주장, 삼한설의 보충과 확정, 기준 이전의 마한 존재설, 대방＝황해도설, 남원부의 건안 연간 대방 설치 부정, 윤관의 두만강 이북 개척설, 『삼국지』의 진한 8국 분할 기사의 부정, 양고구려 인식, 고구려 입국처 및 국내 환도성의 압록강 이북설, 국가 강역의 발전사적·통사적 인식 등이 있는데, 이 중에는 현재 통설화된 것도 적지 않다.

두 사람의 차별성도 드러난다. 우선 남구만은 특정한 문제에 대해 고증적으로 접근하는 경향이 있는 반면, 이세구는 특정한 문제에 머물지 않고 다양한 문제점을 검토하면서도 단군에서부터 조선에 이르기까지 종적으로 모든 시대를 포괄하고자 했다. 이들은 당시 짧은 안설 형태의 비평적 수준에 머물던 역사지리에 대한 연구를 자신의 견해를 논리적으로 전개하는 논문적 수준으로까지 발전시키고 있다.

홍만종(洪萬宗, 1643~1725)

홍만종은 단군조선에서 조선 현종 때까지를 다룬 『동국역대총목(東國歷代總目)』을 1705년(숙종 31)에 편찬했는데, 역사지리에 대해서는 별도로 「부지지(附地誌)」편을 편성했다. 여기서 홍만종은 우리나라가 삼면은 바다, 한 면은 육지로 이어지는 독립된 영역을 가지고 있음을 천명하고 있다. 우리나라 폭원의 변천을 대략적으로 기술하면서 흥왕과 건도의 땅, 그리고 명산대천을 기록했다. 주요 지명의 현재와 과거를 보여주어 지역의 역사성을 쉽게 이해할 수 있도록 했다.

『동국역대총목』은 홍만종이 경계의 연혁, 역년의 길고 짧음, 다스림의 오융(汚隆)의 대강과 요점을 정리한 책이다. 간략하게 도표로 전체 내용을 기술하는 방식을 도입하여 〈역대전통지도(歷代傳統之圖)〉, 〈역대건도지도(歷代建都之圖)〉를 포함했다. 이를 통해 역사의 정통과 변화를 한눈에 파악할 수 있게 했다.

홍만종은 단군과 기자를 정통으로 인식하고 위만을 무통으로 보았다. 그리고 사군 이부도 왕조로 보지 않았다. 삼한의 경우 마한을 정통으로 보고 진한과 변한을 마한에 속한 것으로 보았다. 결국 단군 – 기자 – 마한 – 삼국 – 신라 – 고려 – 조선을 역사의 정통으로 보았다. 다만 삼국의 시기도 다른 칸보다 한 칸을 내려 무통의 시기임을 한눈에 볼 수 있도록 구별했다.『동국역대총목』은 정통론을 우리나라 역사 기술에 적용하여 그 포폄을 역사 체재에 적용한 대표적인 사서이다. 그리고 단군에 대한 기사는 그 간략한 내용에도 불구하고『동사보감(東史寶鑑)』,『본기통람(本紀通覽)』등의 야사를 참조하여 서술함으로써 후대 역사지리를 연구하는 학자들에 의해 계속 인용되었다.

『동국역대총목』은 강과 목의 형식으로 한국사를 정리하여 내용의 간략함, 열람의 편의성, 그리고 정통론의 시각적 표시로 인해 후대 일반인들이 가장 널리 보는 책 가운데 하나가 되었다.『동국역대총목』이라는 제명의 인쇄본 이외에도『동사보감』,『역대총목』,『증보역대총목』,『동국역대사초』,『동국사』,『진승』,『동사』등 매우 다양한 이름의 필사본이 남아 있다. 또한『동사』,『찬수동국사』등 사본에 따라서 홍만종이 사망한 이후의 내용이 추가된 것도 있다. 이는『동국역대총

洪萬宗, 『東國歷代總目』, 〈歷代建都之圖〉
Harvard-Yenching Library 소장, 국립중앙도서관 제공, TK3482.6 3843. 9면

목』이 조선 후기 지식인들에게 많은 영향을 미쳤음을 반증하는 것이기도 하다.

이이명(李頤命, 1658~1722)

이이명의 문집인 『소재집(疏齋集)』에 수록된 〈강역관방도설(疆域關防圖說)〉은 이 시기 역사지리학의 학문적 효용성에서 중요한 문건이라 할 수 있다. 〈강역관방도설〉은 서문(序文)과 삼한분계(三韓分界), 사군이도독부(四郡二都督府), 삼국조기(三國肇基), 신라강역(新羅疆域), 고구려강역(高句麗疆域), 백제강역(百濟疆域), 고려통합(高麗統合), 아국강역(我國疆域)의 시간 순서로 구성되어 있다.

이이명은 요동이 처음에는 후조선에 속했던 것으로 이해했으며, 삼한(三韓)의 분계(分界)에서 처음에는 요좌일원에 삼한이 있었을 것으로 추정했다. 그리고 진번 = 요동, 졸본 = 압록강 이북, 국내성 = 요국(遼國) 경내로 비정한 것과 같이 요동 지역까지 옛 강역을 확대하여 이해했다. 그러나 고구려강역의 경우 그림을 그리면서 압록강과 두만강 이북은 상세하지 않고 또한 현재 우리의 경내가 아니므로 지도를 그리는 대상에서 제외하는 한계를 드러냈다.

역사지리의 고증적인 측면은 그다지 나아가지 못했지만 강역을 관방의 관점에서 접근한다거나 이를 지도에 그리고자 한 것은 당시 우리나라 강토에 대한 지리적 인식이 확립되면서 역사상에 등장하는 국가의 강역을 시각적으로 확인해보려는 경향성을 반영하고 있다.

삼국에 대한 지도 형태의 관심은 조선 초기 쌍매당(雙梅堂) 이첨(李詹, 1345~1405)의 문집에 전하는 〈제고구려지도후(題高句麗地圖後)〉, 〈제백제지도후(題百濟地圖後)〉 등에서 확인할 수 있다. 임진왜란과 병자호란을 거치면서 고조된 강토와 관방에 대한 지리적 관심을 이이명의 〈강역관방도설〉에서 확인할 수 있다. 1673년 김수홍(金壽弘)이 그린 일종의 역사지도인 〈조선팔도고금총람도(朝鮮八道古今摠覽圖)〉도 지도에 기자, 고구려, 동부여, 선춘령 등 역사적 지명의 위치를 주기하고 있어 이러한 경향성을 보여준다.

또한 이이명은 역대 국가의 강역 변화와 각 지역의 관방시설과 산성에 연구의 중점을 두고 있다. 이것은 당시 강역 문제가 관방의 파악이라는 현실과 밀접하게 관련되어 연구되고 있었다는 점을 반영한다. 지리 연구가 고답적인 지리 비정에 머무는 것이 아니라 실용적이고 군사적 목적을 띤다는 점에서 역사지리학의 학문적 효용성을 반영하는 것으로 파악된다. 훗날 『증정문헌비고』 「관방」조에서 이이명의 역사지리에 관한 저술들이 빈번하게 인용되기도 한다.

2
18세기 실학자들의 역사지리 인식

이익(李瀷, 1681~1763)

남인학계에서 성호학파를 이끌었던 이익은 비록 전문적인 역사지리에 관한 저술은 남기지 않았지만 상고사의 역사지리적 측면에 부단히 관심을 가졌다. 문집의 논설과 서간 혹은 필기류의 백과사전인 『성호사설(星湖僿說)』에서 우리나라 역사지리에 대한 이익의 생각을 읽을 수 있다.

이익은 역사를 움직이는 원리가 무엇인가를 파악하기 위해 고심했다. 그는 "천하의 일 가운데 80~90%는 요행으로 이루어진다. 역사책에서 보이는 고금의 성패와 이둔은 실로 그 시기의 우연에 따른 것이다"라고 하여 과거의 많은 사건이 우연히 일어난 것이라고 보았다. 그러나 여기에도 필연성이 존재한다고 생각했다. 이익은 이를 '시세(時勢)'라고 표현했다. 그는 "고금의 흥망이 모두 시세의 흐름에 따라 이루어진 것이다"라고 했다. 시세는 어떤 일이 그렇게 이루어질 수밖에 없는 필연성을 의미한다. 과거의 사건을 정확히 평가하려면 시세를 파악하는 것이 중요하다는 뜻이다. 이익은 역사적 사건은 우연과 필연의 조합으로 이루어진다고 보았다. 그 결과 과거의 사건에 대해 주관적 측면에서만 평가하거나 혹은 우연적인 사건으로 취급하는 것을 비판하고 시세를 정확히 이해함으로써 역사를 보다 잘 알 수 있다고 생각했다.

이처럼 이익은 역사를 파악하면서 여러 문제들을 의심하고 잘 살펴보아야 한다는 고증적 태도를 견지했다. 그리고 어떤 사실을 확증하려면 여러 자료들을 수집하여 그 차이를 비교해보고 그 가운데 올바른 것을 확증해야 한다고 생각했다. 그의 이러한 생각은 후학들을 가르치는 데서도 나타났으며, 이익에게서 배운 이들은 스승의 학문적 관심과 연구 방법을 공유하면서 하나의 학문적 경향성과 결집성을 보였다. 우리는 이들을 성호학파라고 부른다.

이익의 역사지리 인식을 종합하면 그의 영역관을 요동 땅에 대한 강한 복구의식으로 정의할 수 있다. 우선 단군조선에 대해 그 강역이 내제로 요동을 지나 산동반도까지 미친 것으로 보았다. 이익은 삼조선의 강역의 행방에 깊은 관심을 표명하고 있으며, 위만을 대체한 한사군의 위치를 주로 요동에서 찾으려 했다. 조선 후기 영토 문제에 있어서 중요한 과제였던 패수에 대해서도 저탄 또는 대동강으로 간주하여 한반도 내에 있었다는 주장을 부정하고 패수는 요동에 있었으며 지금의 니하가 바로 패수라고 주장했다. 그리고 윤관이 설치한 9성은 두만강 이북의 700리 지역이라고 했다. 이러한 역사지리 인식에서 드러나듯이 이익은 요동 지역이 우리의 옛 강토라는 의식이 강했으며, 요동 지역을 누가 차지하는가에 주의하고 있었다. 이는 조선 전기의 반도 중심적인 이해와는 다른 것으로 조선 후기 역사학에서 중요하게 다루어지고 있던 요동 지역에 대한 새로운 관심을 반영한다고 할 수 있다.

그러나 이익은 역사지리에 대한 전문 저작을 남기지는 못했다. 그의 요동에 대한 관심은 제자 안정복이 스승의 유지를 받들어 『동사강목』을 집필하면서 그 뜻을 완결하게 된다.

임상덕(林象德, 1683~1719)

임상덕은 『동사회강(東史會綱)』(1711년 서문) 범례(凡例) 뒤에 7조의 문답 형식으로 이루어진 논변(論辯)을 부기하고 있다. 이전의 역사지리를 연구했던 이들 가운데 한백겸은 중국의 역사서에 자신의 안설(按說)을 덧붙이는 형식에 그쳤으며, 유형원은 『동국여지지』의 해당 지역에 자신의 논변(論辨)을 포함시키는 데 그쳤다. 이에 반해 임상덕은 역사지리에 대한 전문적인 논변을 별도의 독립된 항목으로 정리했다. 이는 우리나라 고대사에 대한 문헌고증적 연구의 새로운 방식이라고 할 수 있다. 이러한 논변 방식의 역사지리 연구는 이전에 정극후, 남구만, 이세구 등에 의해 일부 시도되었지만 임상덕은 논변 형식을 통해 내용과 형태 면에서 전문성을 확보하고 있다. 이 논변은 뒷날 유광익, 이종휘, 이긍익 등에 의해 인용되었다는 점에서 임상덕의 역사지리 연구의 전문성을 엿볼 수 있다.

논변은 1조 〈기자봉조선지변(箕子封朝鮮之辯)〉, 2조 〈황괴참위지설혹존혹삭지변(荒怪讖緯之說或存或削之辯)〉, 3조 〈천추태후훙졸지변(千秋太后薨卒之辯)〉, 4조 〈삼한지방지변(三韓地方之辯)〉, 5조 〈동방지명지변(東方地名之辯)〉, 6조 〈단군이하제국시조소자출지변(檀君以下諸國始祖所自出之辯)〉, 7조 〈도선사적지의(道詵事蹟之疑)〉로 구성되어 있다. 이들의 내용을 검토해보면, 크게 역사지리 논증에 관한 부분(1조, 4조, 5조)과 문헌자료의 취신에 관한 부분(2조, 3조, 6조, 7조)으로 나눌 수 있다. 문헌자료의 취신과 서술 문제는 연구 방법과 관련된 것이기도 하다.

먼저 문헌자료의 취신에 관해서 2조 〈황괴참위지설혹존혹삭지변〉에서는 원직석으로 황괴·참위한 이야기는 삭제한다는 입장을 보이면서도 사실과 가까운 것은 없애지 않는다는 것, 3조 〈천추태후훙졸지변〉에서는 천추태후의 졸년 기사에서 '훙(薨)'자를 쓴 것은 태후라는 '존재(尊在)'함이 있었기 때문이라는 것, 6조 〈단군이하제국시조소자출지변〉에서는 상고시대 영웅들의 탄생설화는 사실과 달라 황탄하므로 그대로 전하지 않겠다는 것, 7조 〈도선사적지의〉에서는 「도선비명」과 『동국여지승람』의 관련 기사가 탄망하다는 것을 지적하고 있다.

지리 고증과 관련해 1조 〈기자봉조선지변〉에서는 기자가 '수봉(受封)'이나 '인봉(因封)'을 받지 않았으며, 『한서』의 기록에 따라 다른 사람에게 신복(臣僕)하지 않는 의(義)를 실천했던 것으로 이해했다. 이는 중국과 조선은 만여 리나 떨어져 있으므로 기자조선의 건국 이후 중국과는 전혀 관계가 없는 독립적인 국가가 세워졌다는 인식을 바탕으로 한 것이라 하겠다.

4조 〈삼한지방지변〉에서는 『동국여지승람』의 기록이 가장 근거가 있는 듯하나 역시 잘못된 부분이 있으므로 자신의 의견을 덧붙인다는 점을 내세우고 있다. 임상덕은 삼한의 위치에 대해서는 기본적으로 『동국여지승람』을 따르되 여러 설의 득실을 절충하여 삼한설을 정리했다. 먼저 조선(朝鮮)과 한(韓) 지역을 구별한 후 마한은 황해도·경기도·충청도로, 진한은 경상도로, 변한은 전라도로 비정했다. 조선은 옛 기자가 있던 곳으로 위만 – 사군 – 이부로 이어지며, 삼한은 조선 남쪽으로 정리했다. 고구려는 초기에 요동의 심양(瀋陽) 동북쪽 건주위(建州衛) 등지에서 일어났으나 후기에 남쪽으로 마한까지 병합함으로써, 마한(馬韓)은 고구려가 되었다는 말이 나오게 된 것으로 보았다. 임상덕의 삼한설은 한백겸의 삼한설과는 차이를 보이면서 이전의 여러 기록들을 모두 만족시키는 방향으로 정리되었다는 점에 특징이 있다.

5조 〈동방지명지변〉에서는 삼국 때의 지명들을 구체적으로 비정했다. 고구려 초기 흥기지는 중국 지역이므로 『동국여지승람』의 성천(成川) = 송양국(松讓國), 용강(龍岡) = 황룡국(黃龍國), 우발수(優渤水) = 영변 묘향산 설을 부정하고 단군의 태백산(太白山) = 영변 묘향산, 금와의 태백산(太白山) = 건주위, 환도(丸都) = 안시(安市) = 개주위(蓋州衛) 동북 60리로 비정하되 이곳은 용강(龍岡)과는 다른 곳으로 고증했다. 또한 옥저에는 동·남·북 3국이 있으며, 동옥저는 함경남도, 남옥저는 지금의 삼(三, 삼수), 갑(甲, 갑산), 위원(渭, 위원), 강(江, 강계) 사이, 북옥저는 함경북도와 야인의 땅으로 비정했다. 개마산은 백두산 역오한령에서 갑산계에 이르는 큰 산으로 동서를 막고 있으며, 압록강의 근원은 바로 개마산에서 발원한다고 적었다. 말갈은 지금의 강원도, 옛날 예맥의 영역 사이에 섞여 들어와 있었다고 주장했다. 그리고 문헌에 나오는 국내성을 지금의 의주(義州)에 비정하는 것은 잘못이라고 했다. 패수에 대해서는 압록강, 대동강, 평산의 저탄의 설이 있음을 지적했으며, 대방에 대해서는 2개의 대방설(중국, 한강 북쪽 삼국의 경계 지역)이 있으며 남원＝대방은 잘못된 것이라고 보았다. 대수는 임진강으로 추정했다. 그리고 신라가 통일한 지역은 대동강 이남으로 추정하고 패서(대동강 이서)는 발해에 속했다가 훗날 궁예를 거쳐 고려가 차지한 것으로 정리하고 신라 통일 직후 평양을 차지했다는 기사를 부정했다.

이상의 임상덕의 지리 고증은 한백겸 이래의 전문적인 역사지리에 대한 고증적 연구를 더욱 발전시킨 것으로 이전의 안설과는 완전히 다른 수준의 지리 연구라 할 수 있다.

후대에 미친 영향을 살펴보면 『동사회강』의 논변들 가운데, 〈삼한지방지변〉, 〈동방지명지변〉, 〈기자봉조선지변〉, 〈단군이하제국시조소자출지변〉은 후에 『풍암집화(楓巖輯話)』에 축약되어 수록되었다. 이종휘의 『수산집(修山集)』「동국여지잡기(東國輿地雜記)」에도 〈삼한지방지변〉, 〈동방지명지변〉 등이 축약되어 있다. 이긍익은 『연려실기술』에 『동사회강』의 논변을 그대로 수록했는데, 이는 『풍암집화』의 기술을 전재한 것이다.

윤동규(尹東奎, 1695~1773)

이익의 제자이면서 안정복의 역사지리 연구에 많은 영향을 미친 윤동규는 『소남집(邵南集)』에 수록된 〈자열패대사수변의(訾列浿帶四水辨疑)〉라는 지리 논문에서 마자수＝압록강, 열수(列水)＝대동강, 패수＝청천강, 대수＝박천강으로 비정했다. 그리고 주몽이 도착한 졸본천(卒本川) = 건주(建州) 흥경(興京), 마자수가 나오는 서개마 = 백두산 근처, 바다로 들어가는 서안평(西安平) = 의주(義州) 좌우, 염난수(塩難水) 상류 = 동종강(佟宗江, 동가강의 오기), 염난수 하류 = 파저강(婆猪江), 국내성 = 위나암(尉那巖) = 올랄(兀剌)로 비정했다. 『사기』에 나오는 습수(濕水), 산수(汕水), 열수(洌水)를 합친 이름 = 비류(沸流) = 흘골산(紇骨山) 아래, 점제 = 열수의 입해처로 비정했다. 압록강을 패수의 하나라고 하나 이는 잘못이며, 대동강을 패수라고 한 것은 수 양제 이후이고 고려 때 살수는 패수의 후칭이라고 했다. 윤동규의 하천 비정은 대체로 한반도 북쪽으로 올라가는 경향을 보이는데, 이는 옛 강역을 두만강 북쪽 지역에까지 확대해보려는 성호학파의 역사지리 인식과 관련이 있다. 그리고 윤동규는 옛 흔적을 제대로 찾아보지 않고 현 지명을 비정하는 것은 추정에 불과하다고 했다. 이와 같이 특정 하천과 지역의 역사성을 연계해 고증하는 것은 성호학파의 학문적 특징인데, 이러한 모습이 윤동규에게서도 확인된다.

신경준(申景濬, 1712~1781)

신경준의 강역과 지리에 대한 인식을 잘 보여주는 역사지리 전문 저술로 1756년(영조 32)에 편찬된 『강계고』가 있다.

또 관찬의 백과사전이지만 신경준이 주도적으로 편찬한 『동국문헌비고』 「여지고」가 있다.

신경준은 역사지리에 관한 기존의 연구들을 종합적으로 정리하고 있다. 인용된 자료들을 살펴보면 중국과 조선의 많은 역사서 외에도 조선 중기에 나온 정극후의 『역년통고』, 홍만종의 『동국역대총목』, 임상덕의 『동사회강』, 이돈중의 『동문광고』 등 역사지리에 관한 저술을 광범위하게 수용했다. 현재는 전해지지 않는 이만승(李萬升)의 『빈일쇄록(賓日鎖錄)』과 이영(李泳)의 『목옹지지(木翁地志)』 같은 자료들도 비판적으로 소개하고 있다.

신경준은 『강계고』에서 고대사의 체계로서 한백겸의 남자남북자북설을 수용하면서, 북쪽과 남쪽이 별개의 정치세력으로 성장해왔음을 전제로 하여 남북의 역사를 전개시키고 있다. 북쪽은 삼조선에서부터 한사군·이부·고구려로 이어졌고, 남쪽은 진국으로부터 삼한·신라·백제로 이어졌으며, 고구려와 백제가 멸망한 뒤에는 모두 신라의 영토가 되었고, 드디어 남과 북이 하나로 통일되었다고 보았다. 따라서 우리 고대사도 먼저 북쪽을 서술하고, 그다음에 남쪽을 서술한다는 것이다.

신경준은 옛 조선의 명칭과 강역에 관심을 보였다. 먼저 옛 조선의 별호에 대해, 그는 여러 명칭이 전하나 그중 구이

(九夷)와 동이(東夷)가 반드시 조선을 가리키는 것은 아니라고 지적했다. 그리고 삼조선을 설정하여 전조선과 후조선 그리고 위만조선의 국도와 강계를 살폈으며, 고조선의 강역은 대체로 만주 일대에까지 비정했다. 단군조선을 전조선으로 앞세운 것은 당시 단군에 대한 실학자들의 고조된 관심과도 관련된 것으로, 이전 시기에 민족시조로서 단군을 존숭하는 것보다 교화지주로서 기자를 더 존숭했던 것에서 벗어나 단군조선을 민족 최초의 왕조로 설정했다. 훗날 관찬의 『동국문헌비고』 「여지고」에서도 단군조선에서부터 서술이 시작된다.

예맥에 대해서는 요서 지방의 북예가 동으로 이동하여 강원도 영동의 예가 되고, 고구려의 별종인 소수맥을 영서의 맥으로 비정했다. 이는 이동설을 통해 각 자료들 사이의 모순되는 내용을 해결한 것이다.

한의 군현에 대해서는 창해군과 사군과 이부, 이군 등의 순으로 정리했다. 대체로 옛 고조선 지역을 차지했으며, 요동 일대에서 한수 이북까지 그 위치를 비정했다. 특히 조선 후기 사학계에서 가장 논란이 되었던 진번의 위치에 대해서는 이전의 고구려 지역으로, 낙랑 북방이라고 비정했다. 패수에 대해서는 시대에 따라 지칭하는 곳이 다름을 지적하여, 삼패수가 있었다고 했다. 진한 시기의 국경이었던 패수는 요동의 번한(番汗) 서쪽에 비정했으며, 그 결과 낙랑 군현의 일부도 요동에 비정하게 되었다.

　신경준은 고구려와 관련된 압록강 북쪽 북방 강역의 행방(行方)에 대해서도 깊은 관심을 보였다. 고구려 국도의 위치 비정에서 비류성·국내성·환도성이 모두 압록강 북쪽에 있었으나, 각각이 동일한 곳은 아니라고 지적했다. 그리고 환도성·안시성·봉황성에 대한 혼동된 기록을 분변해냈다. 또한 북방 지역에 있던 각 나라의 국도와 강계를 집중적으로 구명했다. 고구려 멸망 후 패수 이북 지방을 누가 차지했는가에 관심을 표시하면서, 발해를 고구려 유민들이 세운 국가로 이해하여 우리 역사에 편입하여 기록했다.

　북쪽의 옛 조선 지역과 함께 남쪽의 삼한 지역에 대해서는 고조선 때 남쪽에 진국이 있었고 이것이 뒤에 마한, 그리고 삼한으로 이어진다고 했다. 마한은 진국 다음에 건국되었으며, 마한에서 왕을 진왕이라 한 것은 마한이 당시까지 진국이라는 옛 명칭을 없애지 않았기 때문이라고 했다. 그리고 북쪽에서 기준(箕準)이 내려오기 이전에 마한은 이미 존재하고 있었고, 기준이 마한을 멸망시키고 스스로 진왕이 되었으며, 기준이 멸절(滅絶)하자 다시 마한이 되었다고 적었다. 삼한의 위치에 대해서는 한백겸의 삼한설을 정론으로 지지했다. 백제국과 신라국에 대해서는 국도(國都), 제소국, 산성, 주요 지명 등에 관해 서술했고, 태봉국·후백제국 등도 시간 순서에 따라 정리했다.

고려의 역사와 지리를 정리하면서는 개성·서경·남경·동경 및 강도(江都) 등을 국도에서 논했으며, 강계에서는 거란과 여진 등 북방 민족과의 항쟁과 강동 6주 및 윤관의 9성에 관한 문제를 언급하고 있다. 9성의 위치는 함경도 길주를 벗어나지 못한 것으로 보았다.

조선시대의 역사지리에 대해서는 북도 7부의 역사지리적 특성을 고찰했고, 북방 사군의 형세를 살폈다. 또한 백두산 정계비 건립 과정과 양강 변계 문제와 관련하여 갑산·백두산 등에 주목했다. 도서 지역으로는 가도·울릉도·해랑도 등에 대해서 정리하고 있다. 그리고 야인 및 왜인의 침입 관계 기사를 정리하고 류큐·남만 등 주변 지역의 정세에 대해서도 논하고 있다.

고려와 조선시대에 관한 서술에서는 주로 북방 지역의 국경 문제와 관련된 부분을 집중적으로 기록하고 있다. 그리고 이러한 고려·조선의 북방 강역과 양강 지역·울릉도·대마도의 영유권, 그리고 이민족의 정세 등을 살핀 것은 이 책의 편찬 목적이 가장 잘 드러나는 대목 중의 하나로, 훗날 인삼 사건으로 울릉도에 대한 관심이 고조되면서 이 책이 주목받는 계기가 되었을 것이다.

그의 역사지리 연구는 우리나라가 생긴 이래 명멸했던 여러 나라들이 어디에 있었으며, 그 경계는 어떻게 구획되었는가를 현재의 위치를 통해 밝히고자 한 것이며, 역사적으로 의견이 분분했던 지명들을 사실적·고증적 측면에서 고찰한 것이다. 그리고 그는 옛 지명에 대해 각 시기별로 구분하여, 지역이나 지명이 이동하거나 달라진 것으로 이해함으로써 각 문헌 사이의 모순된 기록들을 합리적으로 해결하려고 했다. 또한 각 기록에서 서로 모순되거나 일치하는 점을 들어, 비록 같은 이름을 가진 지명이라 할지라도 동일한 지역을 의미하지는 않음을 밝히려고 했다.

강역관에 있어서는 주로 기자조선 및 한사군, 고구려 등의 국가들의 초기 중심지를 요동 일원으로 비정함으로써, 확대된 강역관을 드러냈다. 비록 같은 시기의 이익이나 이종휘의 영역관에 비하면 상대적으로 좁지만 조선 전기의 영역관에서 벗어나 구체적이고 확대된 모습을 보이고 있다. 또한 신경준의 영역관은 『동국문헌비고』「여지고」에 그대로 수록됨으로써 관부 차원의 역사지리관을 대표하기도 한다.

신경준의 역사지리 연구는 역사지리학이 독립적인 학문 분과로 설정될 수 있을 정도로 과거의 역사를 객관적이고 정밀하게 고증했다. 전통 역사지리학에서 한백겸이 학문으로서의 역사지리학을 확립하는 데 선구적인 위치를 차지한다면 이어 등장하는 역사지리학자들은 대체로 한백겸의 역사지리에 대한 구도를 기본적으로 수용하면서 연구를 더욱 심화시켜 나가고 있다. 신경준은 바로 이러한 고증적 역사지리 연구를 종합적으로 정리하여 18세기 가장 엄밀한 단계의 학문적 자세를 보여준다고 평가할 수 있다. 그의 연구는 유교적 포폄을 가하거나 도덕적 측면에서 역사를 파악하는 것이 아니라 고증을 통해 사실을 밝히려 했다는 점에서 근대적 학문에 한 발 다가가고 있다. 『강계고』를 통해 이루어진 역사지리 분야의 학문적 성과는 관부에서 만든 백과사전인 『동국문헌비고』 「여지고」로 이어지면서 광범위하게 확산되었다. 또한 그 과정에서 우리나라의 강토에 대한 인식과 연구는 다른 분야의 학문적 성과로 이어지는 데 촉매 역할을 했다.

안정복(安鼎福, 1712~1791)

안정복은 스승 이익의 가르침을 수용하면서 고증적 측면이나 혹은 역사를 파악하는 관점에서 18세기를 대표하는 학자라고 할 수 있다. 안정복은 편년체 강목형으로 우리나라 역사를 정리한 『동사강목(東史綱目)』(1759년 완성)을 편찬했다. 이 책은 강목형의 체재를 띠고 있지만 역사적 사실의 풍부함이나 고증의 엄밀함에서 당대 최고 수준을 보여준다.

안정복은 1744년(영조 20)에 유형원의 증손인 유발(柳潑)의 집에 갔다가 유형원이 저술한 서적을 소개받았는데, 그중

하나가 〈동국지지(東國地志)〉였다. 훗날 안정복은 여러 글에서 초록해둔 잡문집인 『동사례(東史例)』에 유형원의 여러 논설을 수록했는데 그 가운데 박자진에게 보낸 역사지리 관련 서간이 실려 있다. 안정복이 『동사강목』을 편찬하는 데 유형원의 역사지리에 대한 시각으로부터 큰 영향을 받았음을 알 수 있다.

안정복은 『동사강목』 권수(卷首)의 「동사강목도(東史綱目圖)」에 역대강역지도(歷代疆域地圖)를 넣고 있다. 이는 일종의 역사지도로서 순서는 다음과 같다. 먼저 기준이 되는 당시의 군현지도를 수록하고 그다음으로 〈조선사군삼한도(朝鮮四郡三韓圖)〉, 〈삼국초기도(三國初起圖)〉, 〈고구려전성도(高句麗全盛圖)〉, 〈백제전성도(百濟全盛圖)〉, 〈신라전성도(新羅全盛圖)〉, 〈신라통일도(新羅統一圖)〉, 〈고려통일도(高麗統一圖)〉 등을 싣고 있다. 이것은 조선 초기 이첨(李詹)의 〈삼국도(三國圖)〉나 이이명의 〈강역관방도(疆域關防圖)〉 같은 역사지도 편찬의 전통을 이은 것이다. 역사지도를 편찬하여 첨부하는 전통은 18세기 신경준의 연혁도와 19세기 초 한진서의 『해동역사』 「지리고」, 19세기 말 윤정기의 『동환록』이나 20세기 초 장지연의 『대한강역고』 등으로 이어진다. 역사지리를 전문적으로 연구했던 학자들은 역사지도의 편찬을 통해 시각적으로 과거 역사지리의 변천을 파악했다. 이러한 강역지도가 편찬되었다는 것은 우리의 강역을 정확하고 쉽게 파악하는 것이 역사 연구

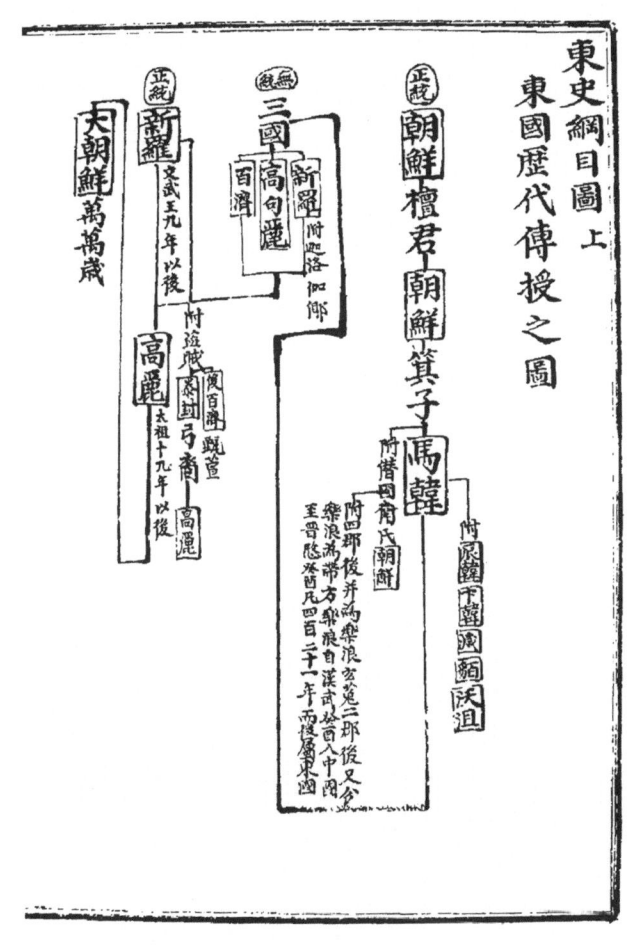

安鼎福,『東史綱目』,〈東國歷代傳授之圖〉
규장각한국학연구원 소장, 奎5916-v.1-20, 18책의 55면

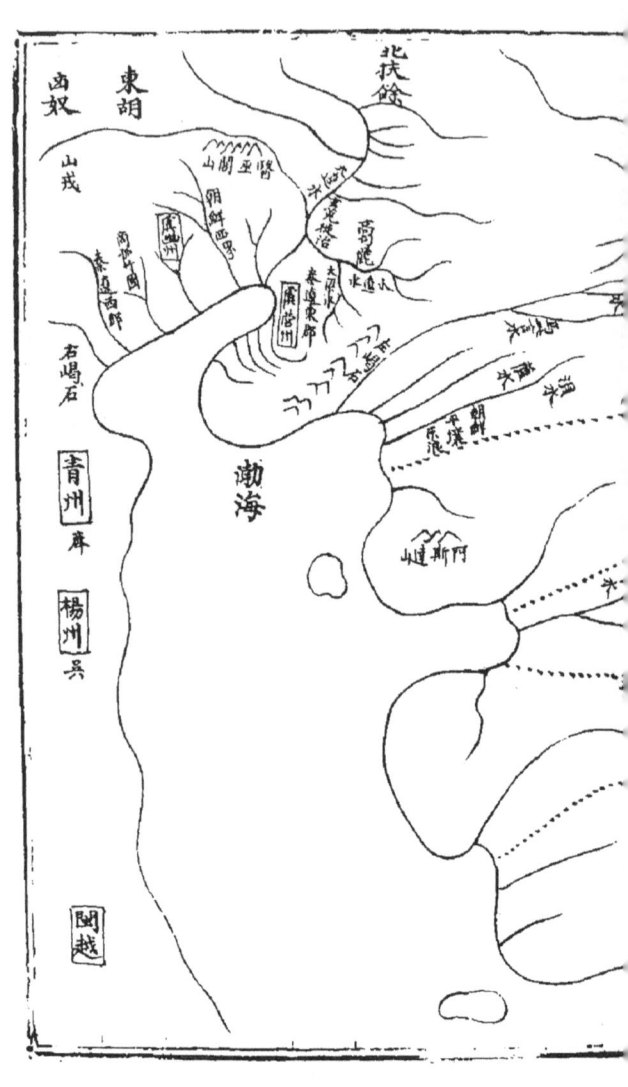

安鼎福, 『東史綱目』, 〈朝鮮四郡三韓圖〉
규장각한국학연구원 소장, 奎5916-v.1-20, 18책의 99, 100면

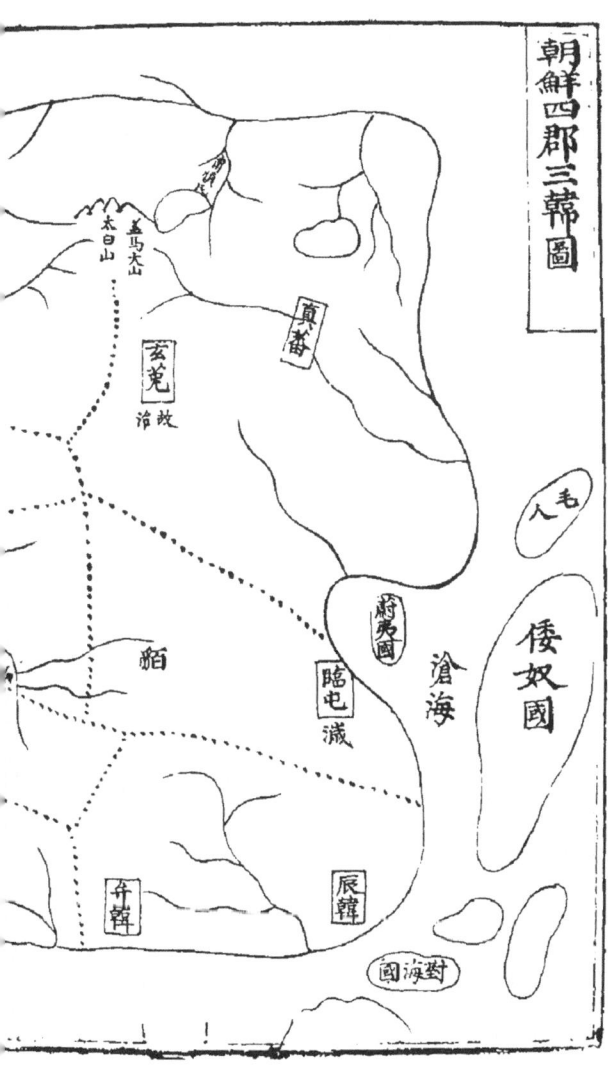

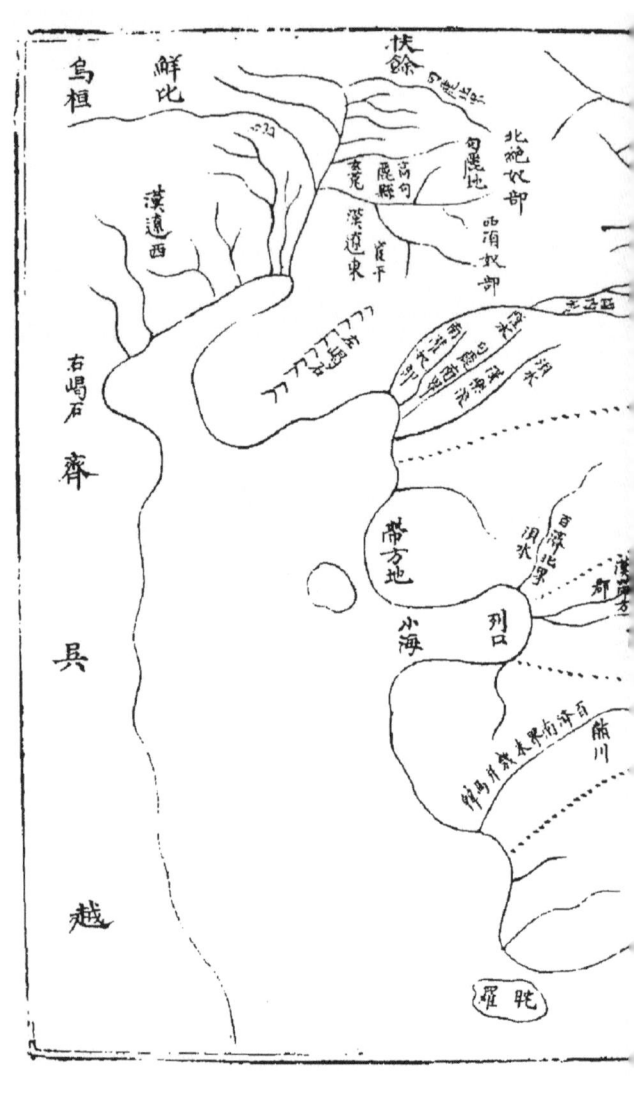

安鼎福,『東史綱目』,〈三國初起圖〉
규장각한국학연구원 소장, 奎5916-v.1-20, 18책의 101, 102면

의 중요한 과제임을 자각하고 있었음을 보여준다. 또한 이것은 조선 후기에 군현지도가 활발하게 편찬되던 경향과도 관련이 있다.

안정복은 편년체 『동사강목』의 해당 연대 기사에 역사와 지리를 다룬 것 외에도 별도의 독립된 항목으로 역사지리를 전문적으로 다룬 「지리고」를 두었다. 안정복은 이익과 마찬가지로 우리나라 고대사의 영역을 넓게 설정하여 주로 요동 일대를 단군과 그를 계승한 여러 국가들의 주된 활동무대로 설정하고 남쪽으로는 한수 이북 일대까지를 포함하는 것으로 보았다. 특히 고구려는 전성기 때 요서와 한수 이남 충청도 동북 일대까지 이른 것으로 보았다. 남쪽의 삼한은 대체로 한백겸의 『동국지리지』 이래의 고증을 따르되 지리산 서쪽의 변한 일부는 백제에 흡수된 것으로 보았다.

이와 같이 「지리고」는 비록 『동사강목』의 한 편목으로 작성된 것이지만 그 자체로서 독립성을 지닌 역사지리 저작이다. 「지리고」가 작성된 1756년(영조 32)경은 신경준이 『강계고』를 완성한 시기이기도 하다. 안정복은 이보다 앞서 초고로 『부부고(覆瓿考)』(국립중앙도서관 소장본) 내에 수록된 〈동국지리기의(東國地理紀疑)〉를 작성했는데, 이를 다시 정리한 것이 「지리고」이다. 안정복이 「지리고」에서 가장 심혈을 기울인 부분은 지리 비정과 강역 경계였다. 그중에서도 특히 북방 지역 연구에 많은 시간과 공력을 들였다. 그것은 남방 지역과는 달리 상대적으로 무지와 무관심으로 인해 북방 지역의 지명과 강역을 혼동하는 경우가 많다고 보았기 때문이다.

그러나 강역과 경계에 대해 관심을 표방하고 있음에도 불구하고 안정복은 요동 지역의 구체적인 지명 비정이나 혹은 옛 지명을 현 지명에 대입시키는 부분에 있어서는 한계를 드러냈다. 상대적으로 현지 지리를 살필 기회가 적었고, 주로 문헌을 중심으로 연구한 결과였다.

유광익(柳光翼, 1713~1780)

유광익은 야사집인 『풍암집화(楓巖輯話)』을 저술했다. 『풍암집화』는 총 13권으로 구성되어 있다. 권1~권7은 역대 사적, 권8~권13은 유별 야담을 수록하고 있다. 역대 사적 가운데 권1은 지지(地志) 부분으로 〈삼한지방지변(三韓地方之辨)〉, 〈동방지명지변(東方地名之辨)〉, 〈동방국도기략(東方國都記略)〉, 〈알목하회척사전말기략(斡木河恢拓事顚末記略)〉, 〈일본국기문(日本國記聞)〉이 있고, 사실(事實) 부분으로 〈단군사기변의(檀君史紀辨疑)〉, 〈기자봉조선변의(箕子封朝鮮辨疑)〉, 〈단군이하제국소자출지변(檀君以下諸國所自出之辨)〉, 〈우왕신왕지변(禑王辛王之辨)〉, 〈여계사실논변(麗系事實論辨)〉, 〈여계사기변의(麗系史紀辨疑)〉가 있다.

권2~권7은 본조사실(本朝事實)로 조선 왕조의 이면사를 특정 주제의 표제로 정리한 것으로 숙종(肅宗)을 하한으로 삼았다. 권8~권13의 유별 야담은 유교 사회에서 중시되는 윤리적 개념이나 유교적 사회질서의 유지와 관련된 개념들을 중심으로 주제를 정해 관련 자료들을 수록하고 있다. 보고 들은 이야기 가운데 기이한 야담류를 수집한 것으로 표제의 주제와 관련된 일화가 있는 인물을 중심으로 자료를 엮어서 편집했다.

역사지리의 고증에 관한 내용은 주로 권1에서 다루고 있다. 단군과 기자 관련 일부 기사는 출처를 밝히지 않았으나 허목의 『동사』와 남구만의 〈동사변증〉에 있는 고증을 그대로 재수록하고 있다. 환인-신씨-단군-부루-금와-주몽·온조로 체계를 잡은 허목의 주장에 대해서는 유교적 입장에서 황탄함을 비판한 남구만의 〈동사변증〉을 언급하며 비판하고 있다. 기자에 대해서는 이를 고증적으로 분변한 남구만의 주장을 수록하면서, 『황극경세서동사보편통재』의 잘못을 지적하고 기자의 사적이 전해지지 않음을 애석해하는 본인의 생각과 『패관잡기』의 글로 보충했다. 단군 이하의 출자에 관한 글에서도 『동사회강』의 주장을 빌려 국내 기록의 황탄함을 비판했다. 전반적으로 상고시대의 신이적인 내용을 비판하는 입장을 견지하고 있다.

삼한 지방에 대한 변설에서는 고구려＝마한, 백제＝변한설을 주장한 최치원·『삼국사기』·『동국여지승람』 설과 조선 초기 고구려＝변한, 백제＝마한설을 주장한 권근·『동국통감』·『동사찬요』의 주장을 서로 대비하여 논의를 전개한 다음, 초기에는 고구려가 조선을 차지하고 백제가 마한을 차지했으며, 신라가 진한과 변한을 차지했고 말기에는 고구려 땅은 마한, 백제 땅은 변한, 신라 땅은 진한이었던 것으로 본 『동사회강』의 주장을 결론격으로 배치했다. 이러한 인식은 한백겸이 마한＝백제, 변한＝가야, 진한＝신라로 본 이래로 당시 일반적으로 받아들여졌던 삼한설과는 상이한 것이다. 유광익은 은연중에 시간적 추이에 따른 영토 변화에 주목한 『동사회강』의 주장을 지지하고 있다.

고지명에 대해서는 『동사회강』, 『소문쇄록』, 『지봉유설』, 『필원잡기』 등에서 고지명과 관련된 내용을 인용하여 논란이 되는 지명을 고증했는데, 주목되는 것은 『동사회강』과 유형원의 〈동국지지〉의 비정을 가장 적극적으로 인정하고 있다는 점이다. 특히 유형원의 〈동국지지〉는 유형원이 친구 박자진에게 보낸 서간인데 이를 구해 읽었다는 것은 유광익이 역사지리에 관심이 많았음을 보여준다. 삼한설의 경우 유형원이 지지했던 한백겸설은 수용하지 않았으나 다른 지명 비정은 대부분 유형원의 주장을 인용하여 지지를 표명했다. 다만 삼국의 순서를 적은 문장에서 유광익은 신라·고구려·백제의 순으로 고쳐 적었는데, 이는 유광익이 전통적인 삼국관을 그대로 수용하고 있음을 보여준다. 게다가 고지명에 대한 권1의 내용 대부분은 『연려실기술』의 역대조에 다시 인용되고 있다.

고구려 초기의 옛 성을 대부분 압록강 이서에 비정하고 안시성, 국내성 등에 대해서도 압록강 이북에 비정한 『지봉유설』, 유형원의 〈동국지지〉, 『동사회강』 등을 인용하고 있다. 졸본과 흘승골성은 주몽이 일어난 성천으로 비정하고, 현도 속현 고구려는 주몽이 일어나기 전의 고구려로 보았다. 유형원, 임상덕, 이수광 등의 주장을 수용하여 개마대산＝평안·함경 양도의 연이은 큰 산맥, 옥저＝함경도, 숙신＝읍루, 고예맥＝부여, 3패수 3대방, 고죽국≠해주, 대방＝요동 부근≠남원부, 재령＝식성·중반≠안주 등을 고증했다.

일본에 관한 내용은 주로 허목의 『동사』와 『미수기언』을 초략하여 전하고 있다. 일본의 역사지리, 정치 동향, 풍속과 관련한 자료를 수집하여 실었다. 〈알목하회척사전말기략〉과 〈일본국기문〉은 알목하(斡木河)까지 강역이 확대된 점, 일본은 전통적인 교린국이라는 관점에서 설정한 것으로 생각된다. 이는 차츰 변방이나 국외의 역사에까지 관심을 넓혀 나가던 당시 사상적 흐름을 반영한 것이라고 할 수 있다.

유광익은 한백겸, 유형원, 허목, 남구만, 임상덕 등의 연구 결과에 자신의 연구를 덧붙여 정리하고 있다. 유광익은 홍양호와도 깊은 친교를 맺고 있었으며, 홍양호가 신경준에게 보낸 편지 가운데 유광익을 소개하는 대목이 있는 것으로 보아 신경준과도 교류했을 것으로 추정된다. 유광익은 이러한 친분관계를 바탕으로 한백겸 이래의 다양한 역사지리에 대한 주장을 사람들이 쉽게 이해할 수 있는 야사 형태로 종합함으로써 역사지리에 대한 관심을 환기하고 있다.

이만운(李萬運, 1723~1797)

이만운은 북학파 인물들과 교류했던 인물로 『기년아람』과 『증정문헌비고』 「여지고」를 편찬했다. 현재 남아 있는 『기년아람』은 여러 차례 수정을 거친 것이다. 이덕무(李德懋)가 이만운이 처음 만든 『중국동방기년아람(中國東方紀年兒覽)』을 빌려 보고서 1777년(정조 1)에 수정하여 새로 『기년아람』을 편찬했으며, 이는 이덕무의 문집인 『청장관전서(靑莊館全書)』에 수록되었다. 이를 다시 이만운이 보완한 것이 별도로 남아 있어 널리 알려져 있다. 이때 지리 분야에서는 고려 이상의 역대 지계(歷代地界) 부분도 상세하게 보완되었다.

『기년아람』은 크게 중국사와 한국사로 구성되어 있다. 중국사에서는 중국 고대부터 청나라에 이르기까지 중국 역대 왕조의 순서에 따라 각 제왕과 관련된 역사 사실을 적었으며, 이어 역대국도(歷代國都)와 역대지계(歷代地界)를 덧붙였다. 한국사에서는 단군조선에서 조선에 이르기까지 역대 왕과 관련된 주요 사건을 기록했으며, 역대지계와 당시 주현의 지리도 정리했다.

『기년아람』에서 이만운의 상고사에 대한 인식 체계는 단군조선 - 기자조선 - 위만조선 - 사군 - 이부 - 삼한(마한·진한·변한) - 삼국(신라·고구려·백제) - 고려 - 본조의 일원적 형태로 나타나고 있다. 당시 대표적인 역사 서술 방식이던 강목 형식과 범례의 설정을 그대로 유지하고 있으며, 내용적으로는 정통론적인 역사 인식을 적지 않게 드러내고 있다.

그러나 이만운은 같은 시기 다른 역사가들에 비해 혈연적 정통성보다 정치적 지속과 강역 전승을 중시하는 입장을 보이고 있다. 그리고 사군을 특별히 앞세우고 있는데, 이는 삼한의 정통성을 강조하는 안정복 등이 삼한을 사군보다 앞세운 것과 구별된다. 삼국의 순서에서도 신라를 앞세우고 있다. 또한 신라정통론이나 삼한정통론과는 달리 삼한과 삼국 양쪽에 균등한 무게를 주고 있다.

『기년아람』에 나타나는 역사지리 서술의 특징은 무엇보다 역사에서의 현실성을 중시하고 있다는 점이다. 이만운은 역사적 지명이 현재 어디에 속하는가에 관심을 보이면서 구체적인 군현 명칭을 들어 영역을 추정하고 있다. 이는 과거의 역사지리 연구와 현재의 지명을 결합하여 살핌으로써 공소한 지리 비정이 아니라 현실감이 있는 연구가 되도록 한 것이다. 그러한 점은 범례조항의 역대지계를 살피면서 옛날의 강역이 지금의 모군(某郡) 모지(某地)라는 것을 밝히려고 했던 점, 동국 주현에서도 반드시 별호를 적어 예전의 칭호를 알 수 있도록 한 점, 면의 수를 적어 폭원의 대소를 알 수 있도록 한 점 등에서도 살펴볼 수 있다.

영역적 측면에서 본다면 북학파 학자들이 그러하듯이 상고사의 영역을 확대하여 단군, 기자, 위만 및 한사군 등의 중심지를 요동으로 비정하거나 요동을 중심으로 이해하고 있다. 고증적 측면에서는 안정복의 역사지리 연구를 토대로 하면서 그외 고기(古記)의 기록도 대체적으로 수렴하여 인용하고 있다. 그것은 『기씨세보(奇氏世譜)』를 참조하여 기자와 마한의 세계(世系)를 정리하려고 한 점에서도 볼 수 있다.

범례에 따르면 역대지계는 문헌으로 증거할 만한 것도 없고 강역도 명확하지 않아 남아 있는 고적을 보고 구분했다고 했으나, 자료적인 측면에서 보면 기존의 정사 자료 외에 중국의 『대청일통지』를 새로이 인용하고 있으며, 같은 시기 역사지리학자의 저술로는 안정복의 『동사강목』을 적극적으로 인용하여 강역 고증에 활용하고 있다. 역사지리의 내용 면에서는 국내외의 새로운 연구 성과를 적극적으로 수렴한 셈이다.

『기년아람』은 책의 형태에서 당시 대표적인 역사 서술 형식인 강목체를 기본으로 삼으면서도 연표형 사서, 한중 합사의 모습을 띤 특징이 있다. 또한 몽학서(蒙學書)이면서도 광범위하게 필사되어 유행했다는 점에서 역사 교육에서도 큰 의미가 있는 책이다. 몽학서를 통한 역사 교육은 조선 중기 이래 많은 학자들이 고심하던 부분이다. 18세기에 편찬된 우리나라 역사에 대한 동몽교재 가운데 대표적인 책이 『기년아람』이었다.

한편 이만운은 거의 혼자 힘으로 『동국문헌비고』를 수정하여 『증정문헌비고』를 편찬했다. 역사지리 부분인 『증정문헌비고』「여지고」의 역대국계조에서는 안정복의 『동사강목』을 상당 분량 인용하고 자신의 안설도 추가했다. 그리고 관방(關防) 중에서도 성곽 부분에서는 특히 많은 분량의 자료를 첨가했다. 그러나 군현연혁(郡縣沿革)에서는 일부 안설과 자료 및 연혁표의 수정 외에는 거의 바뀐 내용이 없으며, 산천(山川)·도리(道里)·해방(海防)·해로(海路) 부분에서는 거의 수정이 없었다. 따라서 체재적인 측면이나 연구 방법론적인 측면에서는 『동국문헌비고』「여지고」에서 활용되었던 방식을 그대로 유지하고 있다. 그러나 연구 수준에서는 18세기 대표적인 역사지리 고증서인 안정복의 『동사강목』을 상당 분량 인용하고 있다는 점에서, 『동국문헌비고』「여지고」 단계보다 진전된 연구 수준을 보여준다고 평가할 수 있다.

역사지리적 측면에서 주목을 끄는 부분은 『증정문헌비고』 「여지고」에서 유형원, 남구만, 안정복 등의 연구 성과를 수용하고 그 결론을 따르고 있다는 점이다. 외국 자료로는 『요사』, 『성경통지』 등이 이용되었으며, 『대청일통지』가 새롭게 인용되었다. 이와 같이 이만운이 기존의 연구 성과를 착실하게 수집하여 인용한 것은 역사지리학의 학문적 성격이 사실에 대한 정확한 구명을 우선시했기 때문이었을 것이다.

그 결과 『증정문헌비고』 「여지고」는 『동국문헌비고』 「여지고」를 편찬했을 때보다 상고사의 영역을 확대하여 이해하고 있다. 특히 단군조선의 경우 더 구체적이면서 확대된 영역을 보여주고 있으며, 진번의 위치 비정에서 드러나듯이 일부 지리에서는 안정복의 위치 비정조차 수정하고자 했다. 그리고 신경준이나 안정복이 고려의 윤관 9성을 길주(吉州) 이남으로 한정한 것에 비해, 이만운은 당시 북학파의 일반적인 영역관을 수용하여 두만강 이북 야인의 땅에 비정했다. 그러나 백제의 요서 진출에 대해서는 부정적인 입장을 보였다.

정조 대는 고증적인 연구가 발전함에 따라 『요사』에 오류가 많다는 것을 확인해나가는 시기였다. 이른 시기에 『요사』의 문제점을 지적하기 시작한 사람은 안정복, 성해응 등이다. 이만운은 안정복의 성과를 바탕으로 연구를 진행함으로써 고증적으로 더욱 진전된 측면을 보였다. 그러나 이만운의 연구는 사료 비판의 단계에까지 나아가지 못하고 있다. 이만운은 외국 자료로 『대청일통지』를 적극적으로 이용하고 있으나, 엄밀한 사료 비판의 자세를 보여주지는 못하고 있다. 본격적으로 이들 자료를 비판하고 나선 사람은 다음 세대인 정약용이었다.

이돈중(李敦中, 1703~?)과 위백규(魏伯珪, 1727~1798)

이돈중의 『동문광고(同文廣考)』는 18세기의 관점에서 집필된 일종의 세계사 책이다. 위백규의 『환영지(寰瀛誌)』는 한역 서학서를 수용하여 당시 세계 각지의 문물을 정리한 책이다. 이 책들은 지식인들의 관심이 중국을 벗어나 다른 지역으로 확대되고 있음을 보여준다. 이보다 앞선 시기에 이수광의 『지봉유설』과 같은 일련의 유서에서 서양에 대한 지식을 소개했으나, 이 시기에 이르면 동국 이외의 지역에 대한 관심의 증대가 학문적인 모습을 갖추면서 체계적으로 연구되기 시작한다.

이종휘(李種徽, 1731~1797)

이종휘는 18세기 중앙 정계에서는 그다지 정치적 경륜을 펼치지 못했던 소론계 학자이다. 그러나 당대에 이종휘는 동사(東史)에 관한 지식이 많은 인사라는 점에서 여러 학자들의

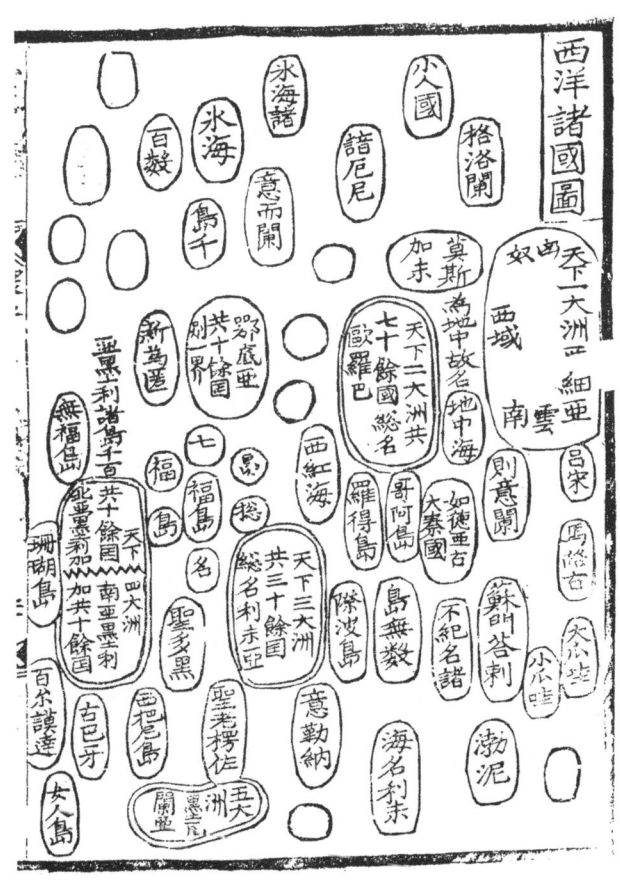

魏伯珪, 『新編標題纂圖寰瀛誌』〈西洋諸國圖〉
국립중앙도서관 소장, 한고朝60-21, 47면

주목을 받았다. 그런데 소론계의 학자 가운데 우리나라의 역사지리 연구에 지대한 관심을 표명한 이들이 많았다. 남구만, 이세구, 최석정을 비롯하여 18세기 초엽 『동사회강』을 쓴 임상덕과 18세기 중엽의 이종휘, 신경준 그리고 19세기 강화학파에 이르기까지 소론 계열은 우리나라의 역사에 지대한 관심을 표명하고 있다.

이종휘의 역사지리에 대한 고증 수준을 보여주는 글로는 『수산집(修山集)』에 수록된 「동국여지잡기(東國輿地雜記)」 제하의 여러 논설을 들 수 있다. 〈삼한지방변(三韓地方辨)〉은 임상덕의 〈삼한지방지변〉 가운데 임상덕의 안설을 재수록한 것이다. 〈동방지명지변(東方地名之辨)〉은 임상덕의 〈동방지명지변〉의 여러 안설들을 수록하고 몇몇 부분에서 자신의 안설을 덧붙여 정리한 것이다. 역사지리에 대한 그의 주장은 임상덕으로부터 영향을 받았음을 확인할 수 있다.

이종휘의 역사지리 인식의 가장 큰 특징 가운데 하나는 고구려의 재발견이라고 할 수 있다. 이종휘는 삼국 가운데 고구려가 옛 조선 땅에서 일어나 가장 선진적 국가를 이루었다고 보았다. 동명왕이 처음 흥기한 곳은 요동 지역이라고 비정하고 대체로 건주위 일대로 보았다. 그리고 유리왕 때 도읍을 국내성으로 옮겼다가 다시 옛 고구려현을 습격하여 수복한 것으로 보았다. 이에 따라 고구려의 초기 지명인 졸본을 성천으로, 환도를 용강으로 국내에 비정한 것은 잘못이라고 비판했다. 이는 이종휘가 고구려의 초기 도읍의 중심지를 압록강 서북쪽으로 본 데에서 나온 비정이다.

이종휘는 문집에 수록된 「동사」와 여러 편의 중국과 한국에 대한 사론을 저술하고 있다. 「동사」는 3권으로 구성되어 있으며, 본기, 세가, 열전, 연표, 지의 기전체 형식을 갖추고 있다. 「동사」는 당시 사상계를 지배했던 강목체(綱目體) 형식의 서술이 아닌 기전체(紀傳體) 형식을 따랐다. 이는 한국사가 중국사와는 별개의 독립적인 세계를 구성하고 있었다는 인식에서 나온 것으로 한국사의 지위를 격상시킨 것이라 할 수 있다.

이종휘는 상고사의 기록이 소략하다고 생각했기 때문에 부족하고 빈약한 부분을 집중적으로 보완함으로써 중세기의 판에 박힌 서술 형태에서 벗어나는 결과를 가져오기도 했다. 그러나 「동사」는 완성된 작품이 아니므로 자료에 대한 고증적인 태도는 미흡하며, 역사책이라기보다 역사평론집의 성격이 강하게 드러난다.

이종휘가 「동사」를 집필하게 된 것은 이전의 역사서가 상고사, 특히 우리 민족의 시조인 단군에 대한 기록이 소략하고 단군에서 부여와 고구려로 이어지는 계열에 대한 정보가 너무 부족하다고 인지했기 때문이다. 「동사」의 서술을 보면 이전의 강목체에서 채택된 단군조선 - 기자조선 - 마한으로 이어지는 한국 고대사의 정통론적 흐름을 본기로 받아들이되, 단군 - 부여 - 고구려로 이어지는 인식 체계도 포함하고 있다. 그가 중시한 흐름은 오히려 전자보다는 후자였던 것으로 보인다. 그리고 부여·발해와 같은 북방 국가, 가야와 같은 남방 국가를 세가로 묶어 우리나라 역사 속에 삽입시키고 있다.

한편 단군조선의 영역은 남쪽으로 임진강, 북쪽으로 심양에 걸치는 것으로 여겨 요동 일대의 만주를 고대 단군족의 활동무대로 간주하는 넓은 영역관을 드러내고 있다. 한국 고대 문화의 영역을 더 넓게 잡고 조선의 고유한 혈통이나 고유한 신앙에 대해 관심을 보이고 있다. 그는 유학자이면서도 환웅 = 신시씨 이래의 신교적 전통을 따로 정리하고 있는데, 이는 조선 민족문화의 특수성에 대한 자부심의 반영이라고 할 수 있다.

이종휘는 한사군의 위치에 대해서도 낙랑을 제외하고는 모두 요동에 위치한다고 인식함으로써 조선 문화와 구별하는 인식을 보여준다. 부여와 고구려로 이어지는 북방계 문화를 설명하는 데 훨씬 더 비중을 두고 있다. 한반도에 대한 비중보다 만주 지역으로까지 우리 민족의 활동 영역을 확대함으로써 조선 전기 권람의 『응제시주』에서 나타난 확대된 영역관이 단절되지 않았음을 보여준다.

이종휘의 단군을 중심으로 한 민족적 성향은 이후 1868년 박주종(朴周鍾)의 『동국통지(東國通志)』에 인용되면서 주목받았다. 1890년대 독립협회 회원용으로 제작된 『대동역사(大東歷史)』(1905년 출판)와 1910년대 대종교 교주 김교헌(金敎獻)이 편찬한 『신단실기(神檀實記)』에서도 다시금 주목받았다. 또한 이종휘의 만주에 대한 고토 수복의식은 만주를 주 무대로 활동했던 독립운동가들에게 역사적 근거로서 만주를 재발견하게 했다. 이종휘가 그린 영광스러운 한국 고대사의 모습은 당시 독립운동가들의 정신적 버팀목이 되었다.

이긍익(李肯翊, 1736~1806)

이긍익은 『연려실기술(燃藜室記述)』(1797)이라는 대저작에서 기사본말체(紀事本末體)라는 역사 서술 방식을 택해 전통시대의 역사를 인과관계를 통해 설명하려고 했을 뿐만 아니라, 전고(典故)라는 이름으로 각 주제별 자료를 모으기도 했다. 「역대전고」와 「지리전고」에서는 이전 역사지리에 대한 다양한 논의들을 대체로 좋음과 싫음의 판단 없이 수록했다. 특히 당색과 상관없이 다양한 선학의 의견을 정리하여 실었다. 개인적인 의견은 제시하지 않았으나 자료의 수집에서는 가장 방대한 분량을 보이고 있다.

박지원(朴趾源, 1737~1805)

박지원은 『열하일기』에서 한사군 및 패수에 관한 글을 통해 한사군은 모두 만주에 있었고 평양은 지금의 평양부가 아니라 요동에 있었던 것으로 보았다. 패수도 3패수설에 언급되는 것 이외에 요동 지역에도 패수라고 하는 강이 있었던 것으로 보았다. 북학파 학자들은 대체로 중국 연행 길에 요동 지역의 옛 고구려 영역을 지나갔다. 이때 고구려와 관련된 지명이 있으면 적극적인 관심을 표명하고 있다. 이러한 관심이 우리나라 고대의 지명을 요동에 비정하도록 했다.

유득공(柳得恭, 1749~1807)

유득공은 『발해고(渤海考)』, 『사군지(四郡志)』 등의 저술을 통해 발해와 북방의 영역에 대한 관심을 보여주고 있다. 특히 『발해고』 서문에서 발해를 북국으로 지칭하여 남북국의 시대관을 표출했던 것은 유명하다.

유득공의 역사지리 비정을 요약하면 먼저 『사군지』에서 한사군(漢四郡)의 진번군은 고구려 땅으로 송화강 이동에, 임둔군은 예의 땅으로 강릉에, 구현도군은 옥저의 땅으로 함흥에, 현도군은 고구려의 땅으로 청의 흥경에, 낙랑군은 고조선의 국도인 평양에 비정했다. 유득공의 한사군 위치 비정의 특징은 가장 의견이 분분했던 진번군 지역을 옛 고구려 땅 일대로 비정한 데 있다.

한편 『발해고』는 초기작과 후기작이 있는데 초기작은 주로 『대청일통지』를 근간으로 발해의 5경 15부 62주의 위치를 비정하고 있다. 초기작인 1권본의 내용을 보면 5경에 대해 상경용천부(上京龍泉府) = 영고탑(寧古塔), 중경현덕부(中京顯德府) = 길림(吉林), 동경용원부(東京龍原府) = 봉황성(鳳凰城), 남경남해부(南京南海府) = 해성현(海城縣), 서경압록부(西京鴨淥府) = 압록강 근처에 비정했다. 이는 『요사』의 비정을 그대로 따른 것이다. 그러나 용원부를 동경으로, 압록부를 서경으로 삼았다는 점에 대해 미심쩍어 했으며, 이를 인정한다면 봉황성 서쪽에 또한 압록강이 있는 것이 되는데, 이는 요양에 패수가 있다는 것과 마찬가지로 문제가 있다며 의심을 표시했다. 또한 1권본에서는 『대청일통지』에 수록된 지명에 대한 설명을 발췌하여 실은 다음 평양, 곽주, 모주는 모두 우리나라 땅 안에 있는 것인데 오히려 곽주를 압록강 북쪽에 있다고 하고 모주를 압록강 서쪽에 있다고 하니 역시 의심스럽다고 적었다. 이와 같이 『요사』와 『대청일통지』를 자료로서 수용하면서도 지리 비정에 대해서는 의문점을 가졌다. 대체로 현 요동 일원에 발해의 5경을 비정하고 있다고 평가할 수 있다.

후대에 만든 4권본에서는 5경의 위치에 대해 상경용천부 = 영고탑서남경(寧古塔西南境), 중경현덕부 = 길림오라성동남(吉

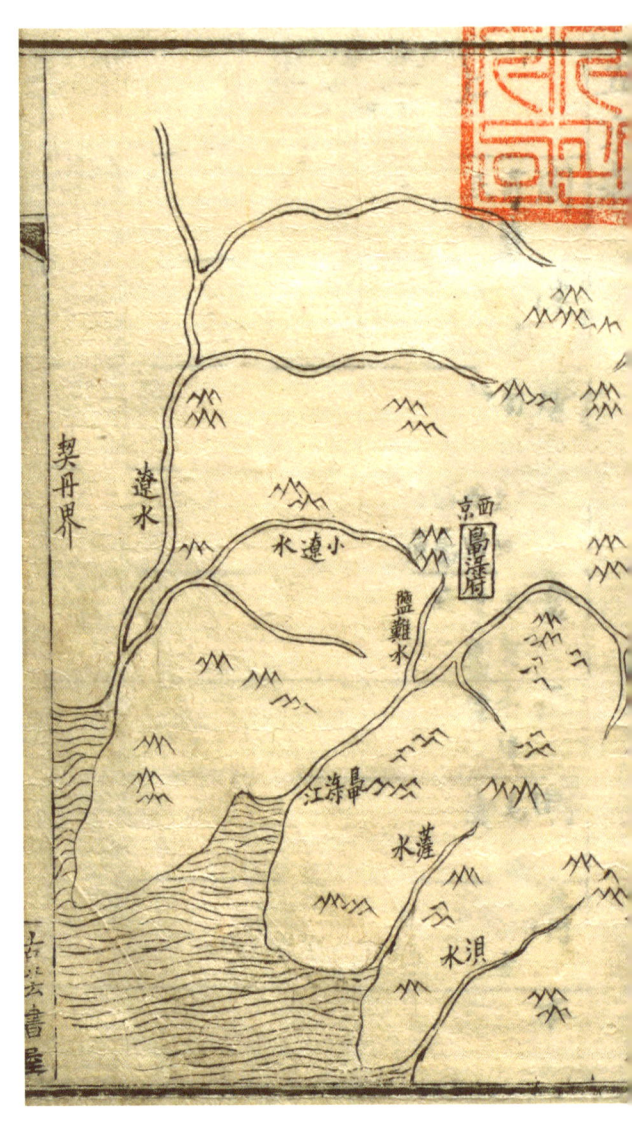

柳得恭, 『泠齋書種』, 『渤海考』, 〈五京圖〉
국립중앙도서관 소장, 한貴古朝90-4, 375, 376면

林烏喇城東南), 동경용원부 = 경성부(鏡城府), 남경남해부 = 함경도(咸鏡道), 서경압록부 = 강계부동북200리(江界府東北二百里) 압록강외(鴨淥江外)로 비정했다. 특히 동경은 봉황성에서 경성부로, 남경은 해성현에서 함경도 함흥으로, 서경압록부는 압록강 근처에서 압록강 건너편으로 비정하여 대체로 발해 5경의 위치를 1권본과는 달리 길림과 조선의 평안·함경도 일대에 비정하고 있다. 이는 1권본에서 동경과 서경의 위치에 대해 가졌던 의문점을 새로운 지리 비정으로 수정한 것이다. 그 결과 오늘날의 발해 위치 비정과 유사하게 되었다.

4권본에서는 고금의 산과 하천에 대해 태백산(太白山) = 장백산 백두산(長白山 白頭山), 동모산(東牟山) = 천주산 봉천부성동20리(天柱山 奉天府城東二十里), 조어대(釣魚臺) = 요양성남30리(遼陽城南三十里), 속말강(粟末江) = 혼동강 길림오라성동남(混同江 吉林烏喇城東南), 홀한하(忽汗河) = 호이합하 영고탑성동남(虎爾哈河 寧古塔城東南), 압록강(鴨淥江) = 마자수 길림오라성남977리(馬訾水 吉林烏喇城南九百七十七里), 흑수(黑水) = 흑룡강 흑룡강성동(黑龍江 黑龍江城東), 오루하(奧婁河) = 승덕현 오루즉읍루(承德縣 奧婁卽挹婁), 니하(泥河) = 덕원부(德源府)로 비정했다. 산과 하천은 지리를 비정하는 데 이정표 역할을 하는 것으로, 특히 1권본에서 니하 비정에 오류가 있었으므로 이에 대한 고심의 결과로 보인다.

4권본에는 15부에 대한 별도의 위치 비정도 수록하여 장령부(長嶺府) = 길림지방(吉林地方), 부여부(扶餘府) = 개원현(開元縣), 막힐부(鄚頡府) = 개원현북(開元縣北), 정리부(定理府) = 부여부서(扶餘府西), 안변부(安邊府) = 봉천지방(奉天地方), 솔빈부(率賓府) = 삼수갑산등지(三水甲山等地), 동평부(東平府) = 흑룡강지방(黑龍江地方), 철리부(鐵利府) = 흑룡강지방(黑龍江地方), 회원부(襄遠府) = 흑룡강지방(黑龍江地方), 안원부(安遠府) = 흑룡강지방(黑龍江地方)으로 비정하고 있다. 15부의 위치 비정도 『요사』와 『대청일통지』에 기재된 15부의 위치를 바로잡는다는 문제의식에서 출발하고 있다. 동평·철리·회원·안원 4부는 모두 흑룡강 지방에 있었는데, 『요사』는 요동의 주현으로 잘못 끌어다 붙였다고 비판했다. 그리고 1권본을 편찬할 당시 곽주, 모주 등의 위치에 대해 가졌던 의문을 4권본에서 특별히 강조하여 『대청일통지』가 매우 자세하게 변증했으나 모주를 녹주 서쪽 200리에 있다고 한 것은 역시 잘못된 것이라고 구체적으로 비평했다.

  유득공은 1권본 『발해고』에서 『요사』와 『대청일통지』의 발해 지리 비정에 대해 비판적 인식을 가졌음에도 그대로 수용하는 입장이었다면, 4권본 『발해고』에서는 고증을 통해 구체적으로 수정하고 있다. 발해의 전체 강역에 대해서는 북쪽으로 흑룡강, 동쪽으로 바다, 서쪽으로 개원·심양 등지, 남쪽으로 함경도 덕원에서 평안도 평안부에 이르는 것으로 정리했다. 그 결과 유득공의 5경 15부의 위치 비정은 오늘날 학계의 통설과 유사하게 되었다. 1권본에서는 니하＝패수＝대동강으로 비정했으나 4권본에서는 이를 수정하여 니하를 덕원으로 본 『동국문헌비고』의 설을 수용했다. 이는 니하에 대한 초기의 비정에 문제가 있음을 시인하고 수정한 것이라고 하겠다. 그 결과 발해와 신라의 경계선은 『동국문헌비고』의 주장과 유사해졌다.

4권본 『발해고』「지리고」에서는 발해의 강역을 조선 북부에서 길림·흑룡강 일대에까지 비정하고, 이를 입증하기 위해 『요사』·『대청일통지』의 내용을 비판적으로 검토하고 있다. 이는 발해의 중심 지역을 요동에 상정했던 1권본 「지리고」나 당시 학계의 연구 동향과는 다른 새로운 연구 성과였다.

당시 발해의 중심지에 대한 학계의 동향을 보면, 신경준은 『요사』의 내용을 취신하여 요동을 중심으로 비정했다. 안정복은 『요사』를 비판적으로 인식했으나 발해에 관해서는 요동을 중심으로 보았다. 이덕무 등 북학파와 가까웠던 이만운은 일부 지명을 길림 쪽으로 비정한 『대청일통지』에 호감을 표시했으나 구체적인 논의를 진전시키지 못했다. 이에 반해 유득공은 오랫동안 이 점에 대해 고심했으며, 1권본에서 『요사』에 입각하여 요동을 중심으로 비정한 것과는 달리 4권본에서는 조선 북부에서부터 길림과 흑룡강 일대까지 비정함으로써 발해의 중심지를 19세기 이후 현대 역사학에서 주로 비정하는 위치로 옮겨놓고 있다. 유득공의 『요사』·『대청일통지』에 대한 비판적 태도와 발해의 강역에 대한 이러한 비성은 당시 학계의 일반적인 인식보다 상당히 앞서 있는 것이다.

이러한 수정 과정에서는 동시대 학자들로부터 많은 도움을 받았을 뿐만 아니라 그들에게 영향을 미치기도 했다. 유득공의 북방 지리에 대한 연구는 성해응과의 공동연구로 이어져 『사군지』를 함께 편찬하기도 했다. 성해응의 발해 관련 지리 고증에는 유득공의 4권본 『발해고』와 유사한 내용이 수록되어 있다. 유득공은 한치윤의 『해동역사』에 서문을 썼다. 이와 같은 유득공과 성해응, 유득공과 한치윤의 관련성으로 보아 이들에게 발해사 연구는 공통의 관심사였음을 알 수 있다. 이러한 관심은 다음 세대인 한진서와 김정호에게까지 일정한 영향을 미치게 된다. 내용 측면에서는 정약용의 지리 비정과도 연결된다.

3
19세기 실학자들의 역사지리 인식

서영보(徐榮輔, 1759~1816)

서영보는 조선 후기 대표적인 벌열인 달성(達城) 서씨 출신으로 할아버지는 영의정 서지수(徐志修)이고, 아버지는 대제학 서유신(徐有臣)이다. 직계 가문에서 부자손 3대에 걸쳐 정승과 대제학을 배출한 명문 집안이다.

1800년에 즉위한 순조는 강성해진 벌열을 제어하고 국정을 장악하기 위한 노력의 일환으로 1808년(순조 8) 재정·군사·토지 등에 관한 책자를 만들 것을 심상규와 서영보에게 명했다. 이에 순조에게 진상된 책자가 『만기요람(萬機要覽)』이었다. 『만기요람』은 왕이 재정과 군정을 파악하고 정무를 집행하기 위한 지침서라고 할 수 있다. 이 중 군정 부분을 서영보가 담당했을 것으로 보인다. 『만기요람』 7~11책의 「군정편」 가운데 제11책에 〈육진개척〉, 〈백두산정계〉, 〈폐사군

사실〉, 〈후주사실〉, 〈가도시말〉의 주제로 조선 건국 이래 북쪽 변경에서의 국방과 영토 관련 사건을 정리하고 있다. 특히 〈백두산정계〉에서는 윤관이 영토를 확장하여 속평강(速平江)까지 이르렀는데 교섭 관계자들이 윤관의 비를 증거로 세워서 따지지 못한 것을 한스럽게 여기는 당시의 분위기를 전하고 있다. 〈폐사군사실〉에서는 〈폐사군전도〉와 함께 여연, 무창, 우예, 자성의 폐군과 복치의 시말을 정리했다.

그런데 서영보가 편찬한 책으로 독립된 폐사군 관련 저술인 『사군고(四郡攷)』가 있다. 권1에는 범례, 도, 표, 인용서목을, 권2에는 폐사군의 연혁(沿革), 산천(山川), 관방(關防), 복치의(復置議), 고오(考誤), 후주기략(厚州紀略)을 수록했다. 서영보는 사군이 폐지된 지 오래되었으나 판도 내에 있으며 우리 강리(疆理)는 한 차라도 버릴 수 없다는 문제의식에서 이 책을 저술했다. 지도 항목의 〈조선산천도〉에 의하면 조선 강역의 전체적 모습을 인지하고 있었음을 알 수 있다. 〈한사군도〉에 의하면 낙랑은 평안도 서쪽에서부터 요동까지, 진번은 평안도 동쪽에서부터 요동에 걸친 것으로, 그리고 현도는 함경도, 임둔은 강원도 일원에 비정하고 있다. 〈한사군도〉는 『만기요람』의 〈폐사군전도〉와 함께 서영보의 폐사군 지역에 대한 관심을 보여준다.

서영보는 이 책에서 사군 지역의 역사적 연혁, 산천의 모

徐榮輔, 沈象奎, 『萬機要覽』,〈廢四郡全圖〉
규장각한국학연구원 소장, 奎1151-v.1-11, 11책의 26, 27면

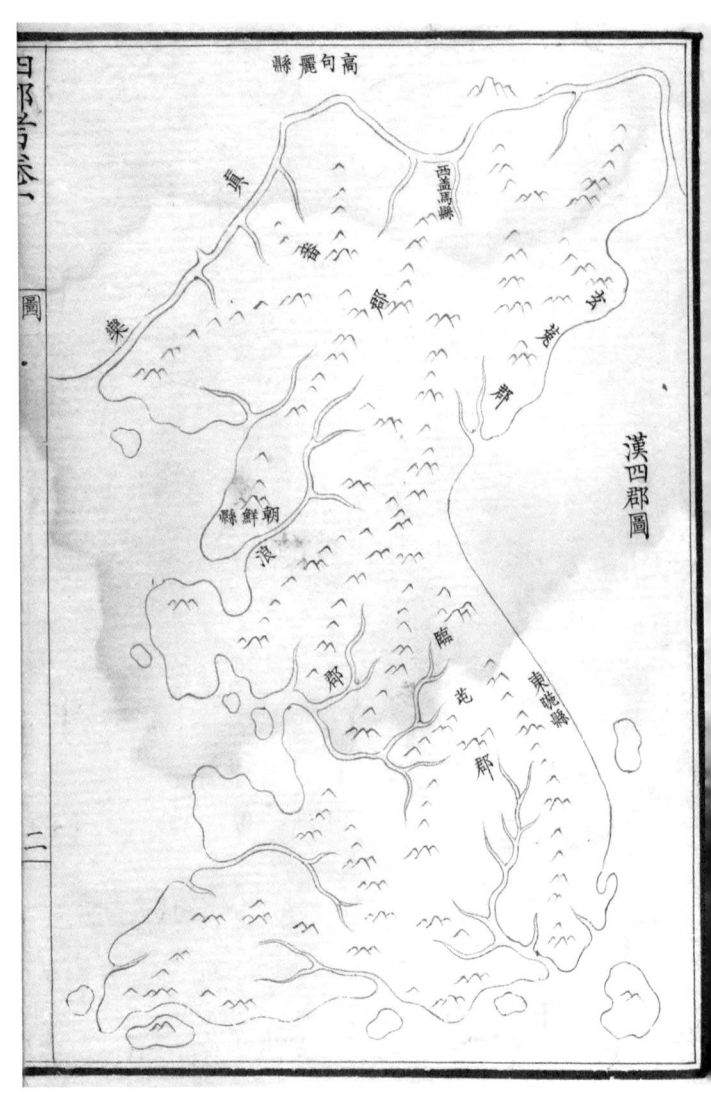

徐榮輔, 『四郡攷』, 〈朝鮮山川圖〉, 〈漢四郡圖〉
일본 동양문고 소장, 고려대학교 민족문화연구원 해외한국학자료센터 제공, VII-2-242, 9면

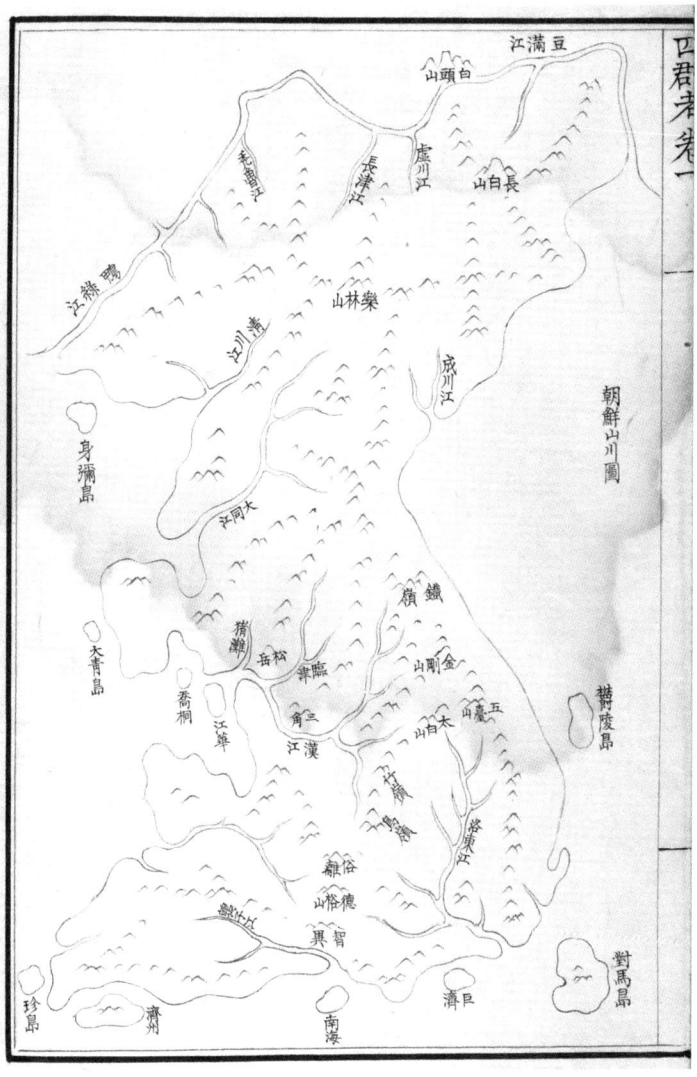

습, 관방시설의 존부 등을 정리하고 이어 다양한 복치 주장을 수록하고 있다. 서영보는 이 책에서 폐사군 지역에 대한 관심을 환기시키고 있으며, 이곳에 지방관을 파견하여 관리할 것을 주장하고 있다. 『사군고』는 성해응에게 영향을 미쳐 주로 초략한 자료를 수집한 『연경재전집』 외집에 그 내용이 보완되어 수록되었다.

성해응(成海應, 1760~1839)

성해응은 역사지리학의 독립성과 전문성이라는 측면에서 중요한 획을 그은 인물이다. 그가 남긴 『연경재집(研經齋集)』은 본집과 외집으로 구성되어 있으며, 외집(外集) 서문에 따르면 외집은 일반 문집의 문체별 구성과는 달리 경(經)·사(史)·자(子)·집(集)의 체재로 구성되어 있다. 사(史) 부분에 해당하는 외집 사료문(史料門)의 분류 항목 가운데 하나로 「지리류(地理類)」를 독립적으로 다루고 있다. 『연경재집』 외집 「지리류」는 다른 사람의 글을 수록한 것이지만 역사지리에 관한 다양한 주제의 논설을 실었다.

문집의 본집에도 역사지리에 관한 변설을 수록하고 있는데 서서변(書序辨)에서부터 패수, 열수, 안시성, 단단대령, 낙랑, 현도, 오국성, 삼한, 졸본, 비류수, 대방, 위나암성, 환도성, 숙신, 조선, 개마, 주류성, 진현성, 공험진에 이르기까지 우리나라 상고시대의 많은 지명들에 대한 변설(辨說)을 실었다. 외집의 경우 일부 변설의 수록에 변동이 있는데 고려구도독(高麗九都督), 발해 강역, 남감, 장잠, 홍구문, 갈소관, 포로하, 살수, 웅진, 마안도 등의 내용이 추가되었다.

성해응은 크게 한수 이남은 삼한으로, 개마 이서는 조선 - 사군으로, 개마 이동은 숙신으로 나누고 숙신은 다시 북쪽의 옥저·물길·말갈과 남쪽의 함흥(咸興)·영흥(永興) 지역으로 정리하고 있다. 이러한 영역 설정은 이 지역들이 모두 우리의 강토라는 생각을 명확히 반영한 것이다.

세부적인 지명에 대해서는 한대의 패수=소요수, 당대의 패수=대동강으로, 한대의 안시성=개주위, 당대의 안시성=요건(遼建)의 사이로 보았다. 단대령(單大嶺)≠강릉(江陵) 대관령(大關嶺), 초기 현도=함흥계, 후기 현도=흥경계로, 오국성(五國城)=회령부(會寧府), 삼한=한수(漢水) 이남, 졸본=오라경소빈수(烏喇境蘇濱水), 우발수(優勃水)=압록강원(鴨綠江源), 엄체수(淹滯水)=압록강(鴨綠江), 비류수(沸流水)=혼하(渾河), 대방(帶方)=해서(海西)와 경기(京畿) 일원, 위나암성(尉那嚴城)=올라성(兀喇城), 환도(丸都)=강계(江界), 개마(蓋馬)=백두산(白頭山), 주류성(周留城)=서산(瑞山) 지곡폐현(地谷廢縣), 진현성(眞峴城)=계룡산(鷄龍山) 산록, 공험진(公險鎭)=두만강(豆滿江) 북쪽 등에 비정했다. 그리고 초기 고구려=남쪽으로 압록강, 북쪽으로 개원(開原), 좌측으로 요동(遼東), 우측으로 흑룡강 일대로 보았다. 안동도호부(安東都護府)≠평양(平壤), 남감=평양 양덕(陽德) 지역, 장잠(長岑)=해서(海西)와 기보(畿輔) 사이, 포로하(匏蘆河)=임진강(臨津江) 상류, 임진(臨津)=대수(帶水), 살수(薩水)=청천강(淸川江), 웅진(熊津)=금강(錦江), 마안도(馬鞍島)=압록강에서 바다로 나가는 입구 등으로 비정했다. 이는 현재의 지명과 관련하여 세밀히 고정(考正)하는 데 주력했다고 평가할 수 있다.

영역관에서 가장 큰 특징을 든다면 북방 지역의 특정 고적을 한 지역에 묶어두는 것이 아니라, 시기에 따라서 다른 지역을 의미함을 옛 문헌의 내용을 정리하여 비정한 것이다. 결과적으로는 강토에 있어서 한반도 이남의 독자성을 강조하고 있다. 즉 한대 분쟁 지역은 소요수(小遼水) 일대이지 평양(平壤) 일대가 아니라는 점이라든가, 중국 군현으로서의 현도가 함흥(咸興)에서 중국 흥경(興京)계로 올라갔다고 한 점, 안동도호부가 평양이 아니라 요동에 설치되었다고 한 점 등이 그 예이다.

성해응의 역사지리 인식의 특징을 살펴보면 특정 지리 비정이나 논리를 따르는 것은 아니며, 자료로는 주로 『동국문헌비고』, 『금사』, 『대청일통지』의 기록에 근거하여 지리 고증을 했다. 그러나 『요사』와 『금사』에 대한 비판적 인식을 바탕으로 고증을 진행하고 있다.

정약용(丁若鏞, 1762~1836)

정약용의 『아방강역고(我邦疆域考)』(1811년 1차 편찬, 1833년 수정)와 『대동수경(大東水經)』(1814년 1차 편찬)은 우리나라 역사지리학의 연구를 한 단계 끌어올린 것으로 평가된다. 정약용은 17~18세기에도 여전히 역사를 편찬하는 주류 방식이던 주자의 강목체와 정통론에서 벗어나 새로운 역사 인식과 방법론을 한국사에 도입했다. 이는 명분론에 입각한 도덕주의적 역사 해석에서 벗어나 새로운 방향을 제시했다는 점에서도 의미를 지닌다. 이는 근대적인 역사 연구로 한걸음 진전했음을 보여주는 것이다. 정약용은 도덕과 명분에서 탈피하여 풍토 같은 자연적 조건과 기술·생산력 같은 물리적 조건을 역사 평가의 주요한 지표로 삼았다.

정약용은 역사지리에 대한 기존의 연구를 집대성했을 뿐만 아니라 당대 최고 수준을 보여주었다. 내용 면에서 본다면 신경준, 안정복 등 이전의 연구가 주로 『요사』의 내용을 바탕으로 이루어진 반면에 정약용은 『요사』, 『성경통지』, 『대청일통지』에 대해 문헌고증적인 검토를 하고 나서 연구를 진행했다. 이에 따라 이들 자료의 오류를 지적하고 기존의 내용과는 다른 주장을 제시했다.

정약용의 주장은 우리 민족의 주 영역을 한반도 지역으로 확정하려는 것이었다. 종족적으로도 말갈이나 여진계는 우리 민족의 역사에서 명확하게 선을 그으려고 했다. 방법적인 측면에서는 『요사』나 『성경통지』 등의 서술이 두찬임을 증명해 나가고 있다. 이를 위해서 많은 서적을 이용해 고증하고 있으며, 문제점을 중심으로 먼저 자신의 생각을 명확하게 정리하고 관련 문헌들을 인용한 다음 자신의 견해를 밝히고 있다.

정약용이 이러한 연구를 진행함에 있어서는 당대의 한치윤, 홍석주 등과의 교류도 큰 자극이 되었다. 1811년에 『아방강역고』를 1차로 완성했으며, 1833년에 발해 관계 기사와 팔도연혁(八道沿革)을 보충했는데, 한진서가 1823년에 『해동역사』「지리고」를 완성하고 있어 두 사람의 역사지리 연구가 밀접한 연관성을 지니고 있음을 보여준다. 한편 홍석주의 『동사세가』 중 「발해세가」는 1823년의 『아방강역고』 수정 때 부록으로 첨부되기도 했다.

『아방강역고』는 정약용이 1811년(순조 11)에 편찬하고 1823~1836년에 증보한 것으로 기자조선에서부터 조선 팔도의 연혁에 이르는 역사적 변천을 다루었다. 정약용은 학자들이 문헌을 정밀하게 고증하지 않고 또한 강역을 근거 없이 확장시켜 이해했던 것을 비판하고 엄밀한 고증에 주력했다. 정약용은 이 책의 구상을 10여 년 전부터 해왔다고 밝히고 있어 『동국문헌비고』에 대한 의문에서 시작하여 1800년 『문헌비고간오(文獻備考刊誤)』를 저술하면서 본격적으로 역사지리 관련 문건을 검토했을 것으로 추정된다.

『사암선생연보』에 의하면 『아방강역고』는 1811년(순조 11) 봄에 집필하기 시작하여 초고본을 완성했으며, 1822년에 작성한 〈자찬묘지명〉에 따르면 10권으로 구성되었다. 현존하는 초고본 『아방강역고』는 목차상으로는 전체 10권으로 되어 있으나 제7권(여진고·거란고·몽고고)은 빠진 채 총 9권만 남아 있다. 1818년 귀양에서 풀려나 고향으로 돌아온 뒤 초고본을 바탕으로 1833년 〈북로연혁속(北路沿革續)〉, 〈서북로연혁속(西北路沿革續)〉을 증보했으며, 홍석주의 『동사세가(東史世家)』를 보고 〈발해속고(渤海續考)〉를 증보하여 총 12권의 수정본을 만들었다. 〈발해속고〉에는 『동사세가』의 「발해세가」를 일부 수정하여 첨부했다. 서술은 상고시대의 주요 국가, 부족, 지역에 대한 자신의 생각을 '강(綱)'으로 내걸고 이와 관련한 자료는 '목(目)'으로 제시한 다음, 자신의 논평을 '용안(鏞案)', '우안(又按)', '안(案)'으로 수록했다. 여기서 '용안'과 '우안'은 초고본의 안설이며, '안'은 수정본의 안설이다. 그리고 일부 주장은 간주 형식으로 수록했다.

『아방강역고』는 우리나라 고대 국가의 강역과 역사, 초기 수도의 위치, 지방 단위의 역사 등을 다루었다. 정약용은 조선의 민족적 기원을 동이(東夷)에서 찾았으며, 한강 이북의 조선(朝鮮)과 한강 이남의 한(韓)의 이원적인 발전관을 제시했다. 그리고 17~18세기 역사지리 연구에서 중요한 자료로 이용되었던『요사』·『대청일통지』등을 고증을 통해 비판하고 기자조선 이래 상고사의 중심 무대를 한반도로 끌어들였다. 정약용은 북방 지역의 역사지리에 오류가 많다고 보았으므로 북방 여러 국가와 부족의 역사적 변천뿐만 아니라 졸본, 국내, 환도, 위례, 패수, 백산 등의 지리 고증에 힘을 기울였다. 남방 지역의 역사지리로는 삼한을 평안도나 경기도 일원으로 끌어올린 연구를 비판하고 한반도 남부에서의 역사 발전으로 본 한백겸의 주장을 지지했다.『삼국사기』와『고려사』에 전하는 직산(稷山) 위례설을 비판하고 위례성을 한강 이북에 비정했다. 그리고 마한과 백제가 남방 지역에서 신라보다 앞서갔던 것으로 보았다. 그리하여 조선 후기에 널리 퍼졌던 고조선 혹은 한사군의 만주 존재설을 부정하고 발해를 우리 역사에 포함시키려는 것을 비판했다. 다만 이러한 정약용의 한반도 중심의 고대사 이해는 조선 전기 역사지리서들이 한반도를 중심으로 인식했던 것과도 다른 것으로, 요동 지역의 문화가 청에 의해 함몰되어가는 상황에서 한반도를 중심으로 하는 조선의 정체성을 확인하려는 데 목적이 있었다.

정약용의 역사지리학 관련 생각은 내용적으로는 기존의

요동에 대한 영토적 관심과는 달리 민족의 영역으로서의 한반도를 발견했다. 영역적 범주로는 한반도를 역사지리의 중심으로 보는 인식을 가졌다.

정약용의 연구는 결과적으로 강역 비정에서 상고사의 중심 무대를 한반도 안으로 끌어들이게 되었다. 종족적으로도 말갈이나 여진계는 우리 상고기에 나타나는 집단들이지만 우리 민족으로 보지는 않았다. 또한 우리의 땅이라고 할 수 있는 영역을 한반도 내에 국한하면서 그 지역에서 명멸했던 고대의 여러 국가만을 보여주려고 했다. 낙랑을 평양에 비정하고 중국 군현으로서의 낙랑을 대체한 것은 최씨 낙랑이며 이것을 우리 민족의 일원으로 본 것도 그러한 사고에서 나온 것이다. 이를 통해 우리 영토의 역사성을 압록강과 두만강 이남으로 한정하려고 했다.

이때의 영역관은 조선 전기의 한반도 중심의 역사지리관이나 이전의 남인 선배들과 노론학계 일부(북학파)에서 주장했던 확대된 영역관과는 다른 인식이다. 정약용의 이러한 인식은 동시대 인물인 한진서의 지지를 받기도 했다. 다만 이러한 생각은 조선의 정제성 확인이라는 측면에서 보아야 할 것이다. 이러한 사고의 밑바탕에는 우리의 강토가 어디까지인가라는 강토의식, 조선 문명의 독자성을 어디에서 찾을 수 있으며 그 범위는 어디까지인가라는 정체성에 대한 자각이 있었다.

한치윤(韓致奫, 1765~1814)과 한진서(韓鎭書, 1777~?)

한치윤과 그의 조카 한진서가 편찬한『해동역사(海東繹史)』(1814년 1차 편찬, 1823년 수정)는 당대의 박학적(博學的) 학문 풍조에 따라 외국 자료를 바탕으로 우리나라의 역사를 정리한 책이다. 그 과정에서 중국의 정사 자료나 국내 자료와 다르게 기술된 외국 자료의 오류를 지적하게 되었다. 이 책에 수록된 외국 자료는 이후 우리나라 역사 연구에 있어서 중요한 자료집의 역할을 하게 되었다.

한진서는 1823년(순조 23) 원편에 「지리고」 15권을 추가하고 자신의 안설을 덧붙여 새롭게 『해동역사』를 편찬했다. 「지리고」는 시간 순서에 따라 서술되었으며, 원편의 형식과 달리 먼저 결론을 제시한 다음 자료를 소개하고 마지막으로 자신의 의견을 다는 방식으로 편찬되었다. 이는 정약용의『아방강역고』에서 사용된 방식으로 자료 나열과 안설로 구성된 원편에 비해 훨씬 짜임새 있다고 하겠다.

외국 자료로 정리한 다른 항목과 달리 「지리고」에서는『삼국사기』,『고려사』,『동국문헌비고』 등의 국내 자료들을 이용하고 있다. 외국 자료 중에서 『요사』,『성경통지』,『대청일통지』 등을 특히 비판적으로 언급하고 있다. 역사지리의 비정에 있어서는 안정복과 정약용의 설을 주로 수용하면서도 이 시기의 박학적 풍조에 따라 이전대 학자들의 설을 종합하는 입장을 취했다.

『해동역사』와 우리나라 역사지리를 특별하게 다룬 『해동역사속』의 한국 고대사 인식 체계에서는 시간의 선후에 따른 국가의 서술이 중요시되었으며 정통론이나 명분론과 같은 도덕적 관점은 두드러지지 않는다. 국립중앙도서관본과 규장각본에서 삼국이나 예맥 그리고 삼한의 서술 순서에 혼선을 보인 것도 정통론적 시각이 그만큼 약화되었기 때문으로 보인다.

『해동역사』를 기술하면서 민족적 관점의 표출보다 존립 순서에 따라 역사를 보려는 태도와 여러 자료에 나타나는 나라들의 상호 관련성을 해명하려는 기술 방향을 견지하고 있다. 이러한 태도와 방향은 그들이 보기에 신뢰할 만한 중국 자료를 가지고 조선의 역사를 정리하려는 데서 나온 것이기도 하다. 또한 이는 연행을 다녀온 한치윤이 가졌던 중국을 포함한 동아시아에 대한 보편적인 문화의식의 산물이며 이를 계승한 한진서의 생각이기도 하다.

내용 면에서 『해동역사』의 원·속편은 대체로 우리 민족의 활동무대를 압록강과 두만강을 넘지 않는 지역으로 보고 있다. 한수 이북과 이남의 이원적 발전을 상정하면서 다양한 상고기 국가의 변천을 정리했다. 그 가운데 요동이나 영고탑 일원에 있었던 부여와 읍루, 그리고 발해를 혈연적 측면보다

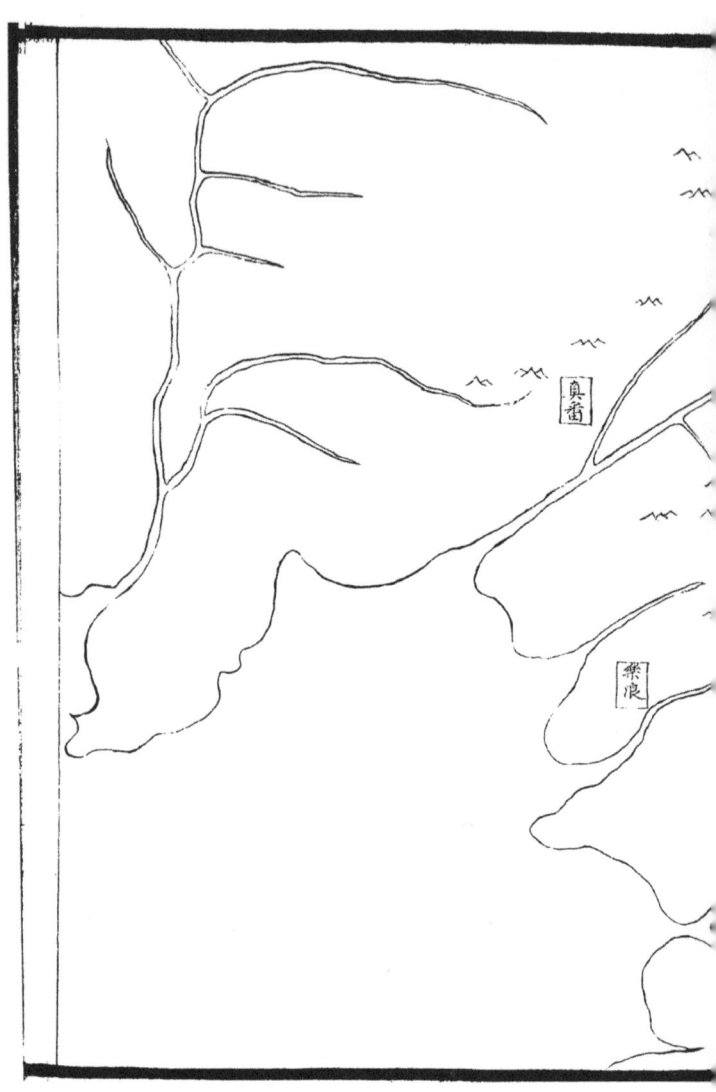

韓鎭書,『海東繹史續』,〈漢元封時四郡圖〉
국립중앙도서관 소장, 한고朝50-88, 권25의 14, 15면

漢元封時四郡圖

정치적 귀속과 지리적 계승 측면에서 우리나라 상고기 여러 국가와 연결하는 수준으로 축소시키고 있다. 이에 따라 한반도 내에 있었던 상고기 국가를 요동 지역에 비정하고 있던 『요사』와 이를 바탕으로 한 『대청일통지』를 가장 크게 비판하고 있다.

『해동역사』 원편을 수정하고 안설을 추가한 한진서는 실질적으로 현재의 『해동역사』를 완성한 사람이라고 할 수 있다. 한진서는 『해동역사』에 자신의 생각을 담은 안설을 배치하여 내용의 적부에 대해 다시 판단했다. 한치윤이 외국 자료의 배치에 중점을 두었다면, 한진서는 해석과 의미 부여에 중점을 두었다. 다만 한진서의 경우 외국 자료만 모은다는 편집 원칙을 지키면서도 「지리고」에서는 외국 자료의 문제점을 보정하기 위해 일부 국내 자료를 인용하고 다양한 안설을 추가함으로써 중국 자료만으로 조선의 한국 고대사를 구성하려는 시도 자체가 부딪힐 수밖에 없는 한계를 극복하려고 했다.

이상과 같은 한치윤과 한진서의 한국 고대사 계승 인식은 17~18세기 학자들이 요동으로까지 영역을 확대하여 상고기 국가의 행방을 찾으려 하면서 차츰 이들 국가의 계승과 연관 관계를 어떻게 볼 것인가 하는 고민에 대한 일종의 응답이라고 할 수 있다. 그리고 한치윤과 한진서는 아직까지 종족과 혈연보다 영역과 지리적 계승이라는 측면에서 접근하여 상고기 국가들을 우리 역사 체계 속에 수용하려는 모습이 강했다. 이 문제에 대한 고민은 이후 정약용에 의해 본격적으로 종족적·민족적 계승 문제에 대한 연구로 이어진다.

홍석주(洪奭周, 1774~1842)

홍석주가 편찬한 우리나라에 대한 역사서인 『동사세가(東史世家)』는 서문이나 발문이 없어 정확한 편찬 연대를 알 수 없지만, 「발해세가」 부분이 정약용의 『아방강역고』에 전재된 것으로 보아 대략 1820년대에 편찬된 것으로 파악된다. 정약용의 『아방강역고』는 1811년에 1차 완성되었고 1833년에 수정 보완되었는데, 이 과정에서 홍석주의 『동사세가』의 한 부분인 「발해세가(渤海世家)」가 추가되었다.

『동사세가』는 당시 일반 지식인의 잘못된 역사 인식이나 사실과 다르게 전해지는 세상 사람들의 이야기를 바로잡기 위해 편찬된 역사서로, 중국의 역사 기록에도 잘못이 있을 수 있으며, 동사에서도 잘못 전해지는 내용이 있으므로 역사 기록을 주의해서 보아야 한다는 실증적인 견해를 표출하고 있다. 또한 역사의 유지와 발전에는 군주, 신하, 백성 모두의 노력이 있어야 한다는 역사관을 보이고 있다.

홍석주의 우리나라 상고사 체계에 대한 인식을 살펴보면, 발해가 단군·기자·위만의 옛 땅을 차지했다는 것을 언급하는 데 그치고 있다. 오히려 우리나라 역사의 초기 전개 과정에 대해 신라 시조와 함께 한나라의 조선 경략을 적고 있다. 한나라가 조선 땅을 경략하고서 낙랑과 현도군을 설치했으며, 동남쪽으로는 한수를 넘었고, 남방은 각기 군장을 두어 58개국에 달했다는 것이다. 따라서 홍석주는 단군조선에 대해 알고 있었다 하더라도 단군에서 시작하는 우리나라 국사 체계에 대한 인식은 상대적으로 부족했다.

상고 시기의 역사지리적 측면에 대해서는 조선 팔도 가운데 충청도와 전라도는 마한의 땅, 경상도는 진한과 변한의 땅, 황해도와 평안도 및 경기는 옛 낙랑의 땅이고, 강원도도 낙랑의 땅이나 예맥이 많이 차지했으며, 함경도는 옛 현도의 땅이나 동옥저·숙신·말갈 등이 섞여 있었다고 정리했다.

삼국 시기에 이르러 신라는 진한과 변한의 땅을 영유하고 동북쪽으로 예맥에 이르렀으며, 백제는 마한의 땅을 차지하고 서북쪽으로 낙랑의 남쪽 경역에 이르렀으며, 고구려는 낙랑·현도·동옥저·숙신·부여의 땅에 근거하고 서북쪽으로 요동에 이르렀으며, 말갈의 여러 종족을 역속했던 것으로 정리했다.

고구려는 동북쪽 모퉁이의 읍루와 말갈에 가까운 요동의 땅에서 일어나 장수왕 때에는 백제의 북한산성을 점령하여 이로 인해 백제는 300여 리 남쪽으로 천도했으며 고구려는 한수 남북의 땅을 모두 차지했고 동남쪽으로는 죽령까지 이르렸다고 적었다. 고구려가 멸망한 뒤 고구려의 영토는 신라와 발해가 나누어 가졌으며, 중국은 조그마한 땅도 갖지 못했다고 정리했다.

백제는 온조 대 직산의 하남 위례성에 도읍을 정한 후 비류의 인천 미추홀을 아우르면서 영역을 넓히기 시작하여 북쪽으로 패하(저탄), 남쪽으로 웅천(금강), 서쪽으로 바다, 동쪽으로 주양에 이르렀으며, 그 후 백제가 강성할 때는 북쪽으로 요서 진평 땅까지 경략했으며, 서쪽으로는 바다를 넘어 절동의 여러 군을 공격했다고 정리했다.

발해는 지리적으로 고구려의 패수 이북 옛 땅을 모두 차지했으며, 역사적 행방으로는 단군·기자·위만 및 고구려의 옛 땅과 부여·옥저·읍루·숙신의 땅을 모두 차지했다고 기록했다. 그리고 5경 15부제를 마련하여 대체로 요동, 성경, 영고탑, 오라 등의 땅을 차지한 것으로 정리했다. 종족적인 면에서는 말갈 종족 가운데 속말 대씨가 있었는데 항상 고구려에 붙었기 때문에 고구려의 별종으로 불렸다는 설과 함께 걸걸중상의 아들 대조영이 고구려와 말갈 병사를 모아 진국왕이 되었다는 설도 소개하고 있다. 다만 5경의 위치를 상경용천부＝성경의 개원현(開原縣) 이북, 중경현덕부＝철령현(鐵嶺縣) 이남, 서경압록부＝압록강 바깥이라고 비정한 것은 『요사』이래의 전통적 해석을 따른, 부정확한 것이었다. 그러나 동경용원부에 대해 『요사』와 마찬가지로 동경을 책성부 봉황성으로 비정하면서도 이설로 함경도 연해의 서수라(西水羅)에 이르는 곳이라는 신설을 소개하고 있다. 남경남해부도 서남쪽으로 바다에 닿았다고 했는데 이 역시 해안 쪽으로 본 점에서 위치 비정이 정확해지고 있다. 따라서 상경, 중경, 동경은 기본적으로 『요사』의 비정을 그대로 수용했지만 영고탑·오라·조선 북부 쪽에도 관심을 보이고 있다고 할 수 있다. 이는 당시 유득공, 한진서, 정약용 등이 발해의 중심지를 영고탑 일원으로 비정하고 있었기 때문에 이에 어느 정도 영향을 받은 것으로 추정된다.

『동사세가』는 역사지리와 관련하여 구체적인 논증을 제시하지는 않았다. 이 시기의 역사지리서가 구체적인 고증을 위주로 했다면 이 책은 우리나라 역사의 일반적인 지식을 전달하는 데 목적이 있었기 때문일 것이다. 다만 고구려를 한반도에 비정하려는 경향을 시정해야 한다고 주장하고 있는데 이는 역사지리학의 연구 성과가 일반 지식인에게까지 수용되고 있음을 보여주는 예라고 할 수 있다.

기존의 역사 편찬이 주로 과거의 역사책에서 자료를 뽑아 자신의 안설을 붙이는 형태로 이루어졌던 것에 비해, 『동사세가』는 일반 지식인에게 쉽게 다가가기 위한 새로운 형식을 선보였다. 우리나라의 상고사를 통사 형태로 간략하게 엮은 것으로, 이전에 나온 허목의 『동사』와 이세구의 〈동국삼한사군고금강역설〉 등이 이러한 유형을 택했다고 할 수 있다. 이는 서술로서의 역사책이 등장하고 있음을 보여주는 예이다.

홍경모(洪敬謨, 1774~1851)

홍경모의 『대동장고(大東掌考)』 「역대고(歷代考)」(1820년경)와 『총사(叢史)』 「동사변의(東史辨疑)」(1848년경)에서는 역사지리의 주요 주제들에 대해 변증을 가하고 있다. 홍경모는 조부 홍양호의 가학을 이었는데 홍석주, 권돈인 등의 노론 명사들과도 교유했다. 초기에 작성한 『대동장고』의 「역대고」는 주로 이만운의 『기년아람』의 내용을 확대한 것이다. 「역대고」는 고실(故實), 고이(考異), 강역(疆域) 등을 별도의 항목으로 설정하고 있는데 『기년아람』에서 보이는 주요 치적을 정리한 고실, 『기년아람』과 『동사강목』에서 보이는 사실 고증을 행한 고이, 『해동역사』와 『아방강역고』에서 보이는 영토의 공간적 의미를 띠는 강역의 개념을 도입하여 정리함으로써 홍경모가 전대 역사지리 연구의 학문적 성취를 계승했음을 보여준다.

한편 만년에 편찬한 「동사변의」는 28편에 걸쳐 우리나라 고대사의 주요 쟁점들에 대해 여러 문헌 자료를 제시하면서 고증한 것이다. 홍경모는 이 책의 편찬을 위한 기본 자료로 한치윤과 한진서의 『해동역사』를 주로 이용했다. 홍경모는 우리나라의 기록들이 황탄한 내용이 많아 믿을 수 없다고 비판했다. 지리적 경계는 특히 판정하기 어려우며, 국호와 지명이 혼효되어 있고, 명칭도 뒤섞여서 사실을 판단하기 어려운 점이 많다고 지적했다. 내용 수준은 정약용과 한치윤·한진서의 저술을 습득하여 이를 바탕으로 고증을 전개했기 때문에 이들의 주장을 대체로 계승하고 있다. 다만 단군이나 한 이전의 행방에 대해 부분별로 독자적인 의견을 제시했다.

정학연(丁學淵, 1783~1859)

정학연은 정약용의 장자로 강진에 자주 내려와 아버지의 가르침을 받았다. 정학연의 문집인 『삼창관집(三倉館集)』을 통해 그의 문학적 소양을 알 수 있다. 정학연이 남긴 자료로는 농학에 관한 백과사전이라 할 수 있는 『종축회통(種畜會通)』이 있으며, 그 외 시집으로 『순리어필집(蒓里魚㲃集)』, 『근체시선(近體詩選)』, 『유두륜산기(遊頭輪山記)』, 『택상당첩(宅相堂帖)』, 『정황계첩(丁黃契帖)』 등이 있다. 그런데 정학연의 역사지리 방면의 인식을 알 수 있는 자료로 『유산필기(酉山筆記)』가 있다.

『유산필기』는 원, 형, 리, 정의 4책으로 나뉘어 있는데 총 240여 개 항목별로 자료를 배치하여 사전적으로 정리한 것이다. 대부분 『동국문헌비고』에서 인용한 것이며, 일부 항목에서 보이는 안설(按說)도 『동국문헌비고』의 것을 재록한 것이다. 따라서 필사자는 이것을 자신의 저술로 만들려는 의도보다 주제별로 항목을 정한 다음 『동국문헌비고』 등의 자료를 수집하여 정리하려는 의도가 강했던 것으로 보인다.

그런데 이 책의 편찬자를 정학연으로 볼 수 있는가에 대해서는 논란이 있다. 정학연의 저술을 소개하는 논문을 집필했던 김영진은 『유산필기』를 아예 제외했다. 안을 구분하지 않고 그대로 적은 점으로 미루어 『유산필기』를 만들 때 독자적인 저술이라는 의식은 없었던 것으로 보인다. 따라서 『유산필기』는 주제별로 자료를 수집하던 단계의 저술이라고 할 수 있다. 『유산필기』는 정약용이 『아방강역고』, 『대동수경』을 집필할 때 기본 자료에 대한 검토용으로 『동국문헌비고』를 초략할 것을 명을 받아 만들었을 가능성이 있으며 '유산(酉山)'이라는 명칭이 선행하는 것으로 보아 정학연의 작업으로 보인다.

다산 정약용의 후학들 사이에는 스승의 학문을 백과적으로 발전시키는 것이 하나의 경향으로 나타난다. 정학연의 경우 『유산필기』는 『동국문헌비고』를 초략하여 백과적으로 배치하는 작업 과정에서 나온 것이다. 내용에서는 『동국문헌비고』를 그대로 적으면서 특이한 점은 보이지 않는다. 그런데 『유산필기』에는 임상덕과 이종휘의 일부 논설이 수록되어 있다. 임상덕과 이종휘의 소론계에서 특징적으로 나타나는 대국주의와 중화주의는 정약용이 수용하기 어려운 논리였다. 그러나 『유산필기』에 수록되어 있다는 것은 최소한 다산학파의 후예들이 그들의 연구 동향에 대해서 알고 있었다는 의미이므로 역사지리학의 수수 과정에서 보면 매우 중요한 자료가 된다.

이강회(李綱會, 1789~?)

이강회는 정약용이 다산 초당에 머물 당시 수학했던 사족 출신 제자이다. 이강회는 정약용의 『논어고금주』의 완성과 『춘추고징』의 수정 등 예학과 경학 관련 저술의 편찬을 도왔다. 이강회는 정약용이 해배되어 강진을 떠나자 우이도(牛耳島)에 들어가 예학을 중심으로 학문을 이어갔다.

그런데 이강회의 경우 역사지리학의 측면에서 여느 제자들과는 다른 독특한 면모를 보인다. 이강회는 우이도에 갔을 때 문순득의 집에 기거하게 되었다. 이강회가 이 집에 기거하기 전에는 정약용의 형 정약전이 거주했다. 정약전은 집 주인이었던 문순득이 1801년부터 1805년까지 바다에서 표류하여 류큐, 필리핀, 마카오 등을 거쳐 고향으로 돌아온 특이한 경험을 〈표해시말(漂海始末)〉에 기록했다. 이강회는 1818년 우이도에 와서 정약전이 초고 상태로 남긴 〈표해시말〉을 보고

선박과 수레 등 경세적인 내용을 담은 〈운곡선설(雲谷船說)〉, 〈거설답객난(車說答客難)〉, 〈제거설(諸車說)〉 등을 추가해 『유암총서(柳菴叢書)』로 편집했다. 1819년에는 표류한 중국 배와 중국인을 접하고 이에 대한 간략한 사항을 정리하여 『현주만록(玄洲漫錄)』으로 남겼다. 『탐라직방설』에서는 우이도에 유배와 있던 김익강을 만나 제주도의 양제해 옥사에 관한 이야기를 듣고 제주도의 인문지리적 내용을 수록한 다음 옥사와 관련된 〈상찬계시말(相贊契始末)〉 등을 수록하고 있다. 한편 이강회는 『운곡잡저』에 민고조(民庫租), 표류, 환곡 등 도서 지역의 행정적 애로 사항들을 정리한 공문서, 송정의 폐단에 대해 쓴 정약전의 〈송정사의(松政私議)〉, 열람을 위해 정리한 간략한 글 등을 수록했다.

임형택이 이강회의 학문적 성격을 "해양으로 학지의 열림"이라고 표현했듯이 그의 지리적 시야는 표착인을 통해 남방의 외국으로 나아갔다. 그의 이러한 관심은 남방의 섬인 제주도에서부터 문순득이 표류했던 필리핀에 이르기까지 섬과 외국을 탐구 대상으로 삼았다. 표류해온 중국 사람과 필담을 통해 중국 배의 특징과 조선에서의 적용 가능성을 탐구했다. 이강회의 남쪽 지역 국가들에 대한 관심은 북학파가 주로 북경을 통해 중국에서부터 유럽 국가에 이른 것과는 또 다른 학술사적 특징이 있다. 이용후생이라 하더라도 이강회의 학문은 해양을 통한 이문물의 접촉과 이를 기반으로 학문에 접근했다는 점에서 북경을 통한 문물 도입과는 또 다른 의미의 학술 수용의 의미가 있다.

이청(李晴, 1792~1861)

이청은 다산의 읍중(邑中) 여섯 제자 가운데 한 사람으로 다산 곁에서 방대한 저작 작업을 도왔다.『시경강의보』,『악서고존』등은 정약용이 유배 시절 이청의 도움을 받아 편찬한 책이다. 이청은 다산이 해배된 뒤에도 스승을 따라가서 편찬 작업을 도왔다.『대동수경』,『사대고례』등은 바로 그러한 작업의 소산이다. 대청외교 관련 문헌을 모은『사대고례』는 이청이 편집 실무를 맡고, 정약용이 차례를 정하고 보충하는 일을 담당했으며, 사역원정 이시승(李時升)의 이름으로 간행되었다.

『대동수경』의 작업에 이청이 관여했음은 원래 2권에 불과했던『대동수경』이 현재 13권으로 남아 있음에서도 볼 수 있다. 이청은 초고본『대동수경』에 많은 주석 자료를 삽입했고, 안설로는 '청안(晴案)'을 추가하거나 별도로 다산 정약용의 주장을 '선생운(先生云)'이라고 하여 삽입했다. 이는『대동수경』에서 다산이 강에 해당하는 내용을 구술하거나 언급하면 관련 자료들을 참조해 보충하고 증거를 다는 작업을 이청이 했음을 의미한다. 이러한 작업의 예는 『사대고례』에서도 나타난다.

중국에서는 북방의 물줄기를 하(河), 남방의 물줄기를 강(江)이라고 부르는데 우리나라에서는 모두 강(江)이라고 했다. 그러나 정약용의 뜻에 따라 압록강 = 녹수, 두만강 = 만수로 명명했다. 『대동수경』은 녹수와 만수 이하의 지역을 별개 단위로 상정하고 이에 대한 지리를 비정하려고 한 것이다. 목극등에게 길을 허용하지 않은 것을 칭송하고 우리나라의 조종산인 백두산에 대한 망제 기록을 남긴 것은 이청의 이러한 경계와 영토의식을 반영한 것이다.

이청은 압록강(녹수)을 경계로 한 것은 고려 때부터의 역사적 전통이자 이 강을 경계로 삼음으로써 국방상의 이점이 있다고 생각했다. 이는 정약용의 생각이기도 한데 이청은 정약용도 야인들이 압록강을 넘어와 소굴을 형성하는 것을 근심했다고 전한다.

두만강(만수) 유역에 있어서도 이청은 『동국문헌비고』와 달리 오국성을 영고탑 동쪽으로 비정하고, 윤관의 9성을 『성경통지』에서 구련성에 비정한 것을 비판하고 함흥 이북, 장백산 이남으로 비정했다. 두만강이 우리나라 국경이 된 것은 무한한 경사이며 두만강을 우리나라의 천연 해자라 생각하는 점은 스승과 제자가 마찬가지였다.

청천강에서부터 임진강 이북에 이르는 곳의 강과 지명은 압록강과 두만강을 확정하여 여기에서 파생되는 여러 지명의 이동을 설명한 것이다. 초기 고구려의 영역과 관련해서는 기존 역사지리서의 언급을 비판하고 국내성과 환도성을 만포보 바깥에 비정했으며, 특히 『동국여지승람』과는 달리 당시 황성평=환도에 있는 무덤을 고구려 왕들의 무덤이라고 비정했다. 따라서 고구려의 초기 도읍을 성천에 비정한 것을 비판하고 있다. 초기 고구려를 압록강 이북 지역으로 한정하고 그 아래 평안도를 낙랑군이 차지했으며, 대무신왕 말에 살수 이북을 차지한 것으로 보았다.

『대동수경』에서 북방 지역의 강을 다룬 것은 북방 지역의 경계를 확정지음으로써 북방 양도의 개발을 촉진하려는 의도였다고 하겠다. 북방의 강을 설명하면서 과거 중국과 일본의 충돌에서 빚어진 역사적 사례를 나열하고 있어 이 책의 저술이 국토 방비와 연결되어 있음을 보여준다. 또한 북방 강 유역의 역사성과 자세한 지리 설명은 정약용과 이청이 가지고 있던 이 지역에 대한 개발 촉진 의식과도 관련이 있다.

그러나 이청의 경우 『일본서기』나 『이청일본전』 등의 자료를 활용하면서 일본의 자료들을 무비판적으로 수용하여 일본 진구황후의 침공을 신라 파사 니사금 때로 비정하기도 했다.

한편 이청은 말년에 학문적 범위를 넓혀 천문학에까지 관심 영역을 확대했다. 생애 말년에 해당하는 1860년경에는 천문 역산에 관한 전문 서적인 『정관편(井觀編)』을 독자적으로 연구하여 정리했다. 이청은 서울에 올라온 이후 천문 역산에 있어서 가학적 전통을 가지고 있던 달성 서씨가와의 교류를 통해 본격적으로 천문 역산에 관심을 가지고 학문을 넓혀 나갔으며, 『정관편』은 그 결과물 중 하나이다.

이원익(李源益, 1792~1854)

이원익의 『동사약(東史約)』(1849년 편찬, 1851년 수정 완성)은 38권의 거질로 고려 이전은 강목체로 저술하고 조선시대는 춘추의 예에 따라 편년 방식으로 저술했다. 고려 이전은 정통의 정리가 중요하게 다루어졌으며 단군을 정통의 시작으로 보았다. 특히 삼한과 삼국을 무통으로 처리한 것은 조선 후기 일반적으로 수용되었던 마한정통론과는 다른 것으로 이 책의 서술에서 나타나는 특징 가운데 하나이다.

이원익은 당대의 박학주의적 풍토에 따라 우리나라 고대사를 서술하면서 여러 학자들의 글을 인용했으며, 다만 어느 것이 옳은가에 대해서는 결론을 유보하고 있다. 한백겸 이후 역사지리학자들의 저술 대부분이 『동사약』 서술에 이용되었다. 동시대의 저술로는 이돈중의 『동문광고』, 안정복의 『동사강목』, 이만운의 『기년아람』, 이긍익의 『연려실기술』 등이 중요하게 인용되었다. 관부에서 편찬한 『동국문헌비고』도 함께 활용함으로써 사서로서 내용의 분배와 균형성을 갖추었다.

이 책은 고려 이전뿐만 아니라 당대사인 조선시대사를 같이 수록하고 있는데 단군에서 조선 순조에 이르기까지의 전 역사를 개인이 일관된 시각에서 종합 정리했다는 점에서 큰 의의가 있다.

김정호(金正浩, 1800?~?)

김정호는 생몰연대가 알려지지 않았으나 『동여도지(東輿圖志)』(1834~1861), 『여도비지(輿圖備志)』(1851~1856), 『대동지지(大東地志)』(1861~1866) 등의 지지가 편찬된 것은 대체로 19세기 후반이다. 이 책들의 집필에는 최성환(崔瑆煥, 1813~1891), 최한기(崔漢綺, 1803~1877), 신헌(申櫶, 1811~1884) 등의 조력이 있었다.

김정호의 역사지리에 관한 연구 성과로 「방여총지(方輿總志)」를 들 수 있다. 『대동지지』의 한 편목으로 편성된 것으로, 우리나라의 역사지리에 대한 간략한 저술이라고 할 수 있다. 여기서 김정호는 인용서목에서 보이듯이 이전대의 편찬물들을 종합하여 정리하고 있다. 그중에서 특히 안정복, 한진서, 정약용 등 조선 후기의 역사지리학에서 고증적인 성과를 남긴 학자들의 문헌이 위치 비정에서 적극적으로 수용되었다.

김정호는 『동여도지』에서 수집한 자료들을 토대로 『대동지지』, 「방여총지」를 편찬했으며, 「방여총지」는 시간 순서에 따라 이전의 역사지리에 대한 연구들을 종합하여 정리했다. 『동여도지』 단계에서는 주로 다른 학자들의 주장을 수록하는 데 그쳤다면, 「방여총지」 단계에서는 당대까지 이루어진 많은 연구 성과를 종합하고 자신의 안설을 제시함으로써 연구의 깊이를 더했다.

　「방여총지」에서 김정호는 조선 중기 이래 자리 잡고 있던 상고사의 영역을 요동 일원으로 확대하려는 생각을 고증적으로 더욱 발전시켰다. 이 과정에서 외국 책으로는 『요사』, 『금사』, 『성경통지』, 『대청일통지』 등을 중시했으며, 국내 관련 서적으로는 『동여도지』 단계에서는 안정복의 『동사강목』, 신경준의 『동국문헌비고』 「여지고」, 이만운의 『기년아람』 등을 주로 인용하고, 「방여총지」 단계에서는 위의 책 외에도 박지원의 『연암집』, 유득공의 『발해고』 등 북학파 학자들의 저술을 적극적으로 수용했다.

　김정호의 역사지리 인식에 있어서는 상고기 역사 진행을 정통론의 시각이 아닌 지리와 시간적 변화를 통해 정리한 점, 옛 지명을 이어 사용한 경우를 밝혀 옛 지역과 모칭한 지역을 구별한 점, 상고 시기부터 발해·신라에 이르기까지의 역사 진행에 대해 남북의 이원적 발전관에 기초한 점, 남북의 경계를 대동강 일원으로 본 점, 상고 시기의 기자·위만·한사군·일부 군소국가 등을 모두 압록강 이북 지역 일대까지로 확장해 이해한 점, 삼한을 대동강과 철령 이남까지 차지한 것으로 비정한 점 등이 주목된다.

김정호는 위치 비정에서 박지원·유득공 등의 주장을 긍정적으로 수용한 반면에, 정약용의 주장에는 비판을 가하여 한군현 비정, 낙랑춘천설 등을 부정했다. 정약용에 대한 이러한 비판적인 인식은 동시대 학자 가운데 박주종이 이익과 이종휘에 주목했고, 윤정기가 정약용을 조술했던 것과는 차이가 나는 부분이다.

박주종(朴周鍾, 1813~1887)

박주종은 일종의 사찬 백과사전인 『동국통지(東國通志)』(1868)를 남겼다. 그 가운데 「지리지」는 전체 24권 가운데 권5와 권6의 2권으로 구성되어 있다.

권5에서는 단군, 기자, 위만, 한사군에서부터 고려, 조선에 이르기까지 시간 순서에 따라 강역을 살피고 나서 특정 지역의 위치를 고증하고 있다. 주로 북방의 강역을 살피고 있는데 그 가운데 환도졸본, 동부책성, 북부여, 국내, 발해 등의 항목을 별도로 정리했다. 환도졸본(丸都卒本)은 오라(烏喇) 이남으로부터 화산·석주·심하를 돌아 서쪽으로는 범자관전이 있고 남쪽으로는 동수리주 벽단이 있고 동남쪽으로는 여연·무창·우예·자성이 있다고 했다. 동부책성(東部柵城)은 지금의 웅길 이북에서 두만, 장백을 건너 좌로 임필, 해부, 흑수가 속한 곳이라고 했다. 북부여주(北夫餘州)는 남쪽으로는 요동·신동·옥성·심양이 있으며, 동쪽으로는 노성·흥경·애양이 있으며, 서쪽으로는 양평·광녕·북개를 잇는 지금의 내안동 위라고 비정했다. 국내주(國內州)는 북쪽으로는 패수 이서, 요해 이동으로 대개 평해성 안시 및 황만, 창삭 등에 비정했다. 발해(渤海)는 영주 동쪽 2천 리에 남쪽으로 신라와 니하를 경계로 했으며 동쪽으로는 바다에 닿고, 서쪽으로는 거란에 닿았다고 비정했다.

권6에서는 조선 팔도의 역사지리적 내용을 담고 있다. 민족사의 체계에 대한 인식을 살펴보면, 시간 순서에 따라 적으려 했기 때문에 정통론적인 입장이 서술상에는 그다지 나타나지 않는다. 다만 단군–기자–위만으로 이어지는 3조선설을 수용하면서 별도로 단군의 아들인 부루가 북부여를 건국하고, 부여는 다른 여러 나라와 함께 고구려에 통합된 것으로 보았다. 그리고 현도군의 속현 가운데 하나인 고구려현에서 동명왕이 일어나 옛 사군의 땅을 모두 차지한 것으로 정리했다. 삼한과의 관계에 있어서는 한백겸의 이원적 인식관을 수용했다. 그리하여 조선의 옛 땅에는 한사군이 설치되었으나 삼한까지 아우르지는 못했으며, 당시 삼한에서는 대소 70여 국이 따로 있었다고 정리했다.

이와 같은 인식은 당시 역사지리에 관심을 가졌던 대부분의 학자들과 마찬가지로 한백겸의 이원적 발전 체계가 정설로 수용되고 있음을 보여준다. 영남 지역 유학자들이 일반적으로 취신했던 기자 – 마한의 정통론적 입장은 오히려 후퇴하여 거의 나타나지 않는다. 박주종의 역사지리 비정은 대체로 이종휘의 설을 수용하는 것이라고 할 수 있다.

한편 박주종은 「지리지」에서 맨 앞에 중국과 조선은 대등한 국가임을 강조하고 있다. 풍토나 기후가 중국과 대등하고 산물도 구비하지 않은 것이 없으며 산하의 형세도 비슷하여, 비록 산천의 형태나 지세가 다르고 바다를 끼고 있는 형식은 다르나 서로의 모양과 형세는 같다고 했다. 이러한 자존의식을 바탕으로 영역에 있어서는 서북으로부터 요심에 이르기까지가 모두 옛 동방의 영토였으며, 그것은 다시 고구려와 발해를 통해 계승된다고 주장하여 구강에 대한 높은 관심을 보이고 있다. 또한 각국의 강성과 몰락의 원인에 대해 자신의 논평을 덧붙이면서 백성들의 충성을 강조하고 있다.

박주종의 역사지리 인식은 『동국문헌비고』에서 기본적인 자료를 취하면서도 이익과 이종휘의 영향을 강하게 받고 있다. 특히 이종휘의 고구려 및 발해의 서북 지역(西北地域) 강역론(疆域論)이 가장 잘 갖추어져 있다고 높이 평가했다. 그는 영남 지방의 한 지식인 선비에 불과했지만 이러한 북방고토에 대한 관심은 당시의 구강회복(舊疆回復) 정신과 심화된 강역의식(疆域意識)의 소산으로 이해할 필요가 있다.

윤정기(尹廷琦, 1814~1879)

윤정기는 정약용의 역사지리 방면의 연구를 계승한 대표적인 학자라고 할 수 있다. 윤정기는 외할아버지 정약용의 훈도를 받았으며, 외삼촌 정학연으로부터 학문을 배웠다. 따라서 윤정기는 정약용의 말년 학문의 관심사와 방향을 대표한다. 윤정기는 정약용의 지리 고증을 계승하면서 이전의 연구 성과를 사전식으로 편집하고 있다. 이는 다산학파의 학문적 전승이라는 측면에서 주목된다.

윤정기는 1859년(철종 10) 역사지리 백과사전으로『동환록(東寰錄)』을 저술했다. 이 책은 강역과 지리에 관한 설들을 사전적으로 배열하여 쉽게 찾아볼 수 있도록 했다.

『동환록』의「방역총목(方域總目)」에서는 시대에 따라 명칭이나 위치가 혼란한 곳을 항목별로 정리하고 있다. 이는 지역과 명칭에 관한 사전적 지식을 제공해줄 뿐만 아니라 또한 시대가 변함에 따라 특정 명칭이 다른 것을 지칭할 수도 있다는 것을 보여준다.「방역총목」가운데 숫자와 연관된 지명은 동

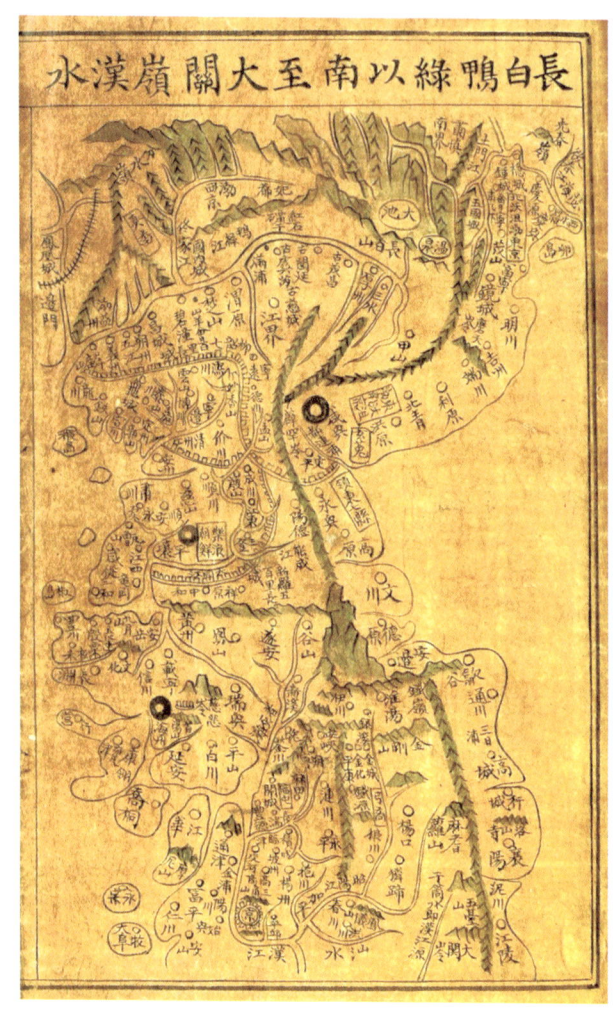

尹廷琦, 『東寰錄』, 〈長白鴨綠以南至大關嶺漢水〉
미국 버클리대학교 동아시아도서관 소장, 고려대학교 민족문화연구원 해외한국학자료센터
제공, 20.21, 1면

일 지명을 가지고 있다 하더라도 여러 다른 곳을 의미할 수 있음을 보여준다.

「역대」 조항에서는 단군조선(檀君朝鮮), 기자조선(箕子朝鮮), 위만조선(衛滿朝鮮), 삼한(三韓), 마한(馬韓), 서토후마한(西土後馬韓), 진한(辰韓), 변한(弁韓), 신라(新羅), 고구려(高句麗), 백제(百濟), 고려(高麗) 및 본조조선(本朝朝鮮)의 순으로 정리했다. 단군조선조에서는 단군이 하강한 태백산을 백두산으로 보면서도 단군의 대는 황당하여 적기는 하되 열람에 대비한다는 것에 그치고 있다. 기자가 처음 수봉받은 땅은 서쪽으로 영평부에 이르렀으며, 후에 광녕현까지 개척했다가 한나라 이후에는 마천령 이남 열수 이북을 차지했던 것으로 보았다. 후일 열수 이북은 위만을 거쳐 사군 이부가 되고, 열수 이남은 삼한이 분립되었다고 보았다. 삼한 지역에는 그 이전에 또 진국이 있었던 것으로 정리했다. 삼한의 위치는 정약용의 설을 따르면서 변한(卞韓) = 변산(邊山), 백제(百濟) = 충청도(忠淸道) 등은 모두 잘못이라고 정리했다. 신라, 고구려, 백제 및 고려, 조선의 강역은 시기의 변화에 따른 경계의 변동 과정을 따로 정리하고 있다. 그외 제국조와 압수외지조를 두어 상고사의 군소국가들과 상고시대 민족의 활동 영역과 관련이 있는 압록강 이북의 여러 지역을 정리했다.

「강역」 조항에서도 현도를 구분하여 동현도는 옥저로 함경남도에 있었으나 북현도는 구려(句麗) 현도에, 서현도는 해성(海城) 현도에 비정함으로써 다양하게 이해하려고 했다. 임둔은 경기도의 서교(西郊)에 비정하고 강릉(江陵)에 비정했던 기존의 견해를 비판했다. 진번은 흥경남(興京南) 동가강(佟家江) 좌우에 비정했다. 한사군 가운데 진번과 현도를 요동에 비정한 것이다. 윤정기는 고구려의 초기 도읍 가운데 국내성(國內城)은 초산부(楚山府)의 강 건너편으로 비정하고 불내성(不耐城)이나 의주(義州)에 비정했던 견해를 비판했다. 환도(丸都)에 대해서는 만포보(滿浦堡) 북쪽의 압록강 건너편으로 비정하고 이를 안시성(安市城)이나 검산령(劒山嶺)에 비정한 견해를 비판했다. 한대(漢代)의 안시성을 개평현(蓋平縣) 동북 70리에 비정하고 요양(遼陽)·강계(江界)·용강(龍岡)·봉황안시(鳳凰安市) 등을 모두 모칭으로 보았다. 그외에도 대방(帶方)을 임진강(臨津江) 입해처(入海處)로 비정하되 남원(南原)·회진(會津)·요동(遼東) 대방은 모칭한 것으로 보았다. 패수라는 명칭으로 나타나는 압록(鴨綠)·대동(大同)·평주(平州)·요동(遼東)에서의 패수의 모칭관계, 함흥·영흥의 불내(不耐)와 압수 북쪽의 불내(不耐)와의 모칭 관계를 밝혔다. 서개마(西盖馬)의 위치에 대해서는 파저강(婆猪江) 서북(西北) 분수령 등 대산과 압록강 북쪽 백산 서쪽의 사면으로, 개마대산(盖馬大山)은 백두산(白頭山)이며 이것의 다른 이름이 동개마(東盖馬)라고 비정했다. 이는 대부분 정약용의 비정을 답습한 것이다.

윤정기의 역사지리 인식은 내용적으로는 김부식(金富軾)과 정인지(鄭麟趾)에서부터 홍만종, 이중환, 유득공, 『동국문헌비고』, 『요사』, 『성경통지』 등의 연구 성과를 비판적으로 검토해 자신의 스승이자 외조부인 정약용의 역사지리 고증의 연구 성과를 더욱 발전시키는 입장을 취하고 있다. 또한 조선 후기 역사지리의 많은 연구 성과들을 종합적으로 정리하여 사전 형태로 정리하는 형식을 취하고 있다.

이유원(李裕元, 1814~1888)

이유원의 백과적 저술로는 규장각과 미국 버클리대 소장의 필사본 『임하필기(林下筆記)』(1871년 탈고)와 국립중앙도서관 소장의 필사본인 『체론유편(體論類編)』 등을 들 수 있다. 백과적 저술이므로 우리나라 역사지리에 관한 많은 내용을 수록하고 있다. 수준이 높은 것은 아니나 이 시기의 역사지리에 대한 백과적 수준을 보여준다.

이유원의 『임하필기』 가운데 가장 많은 분량을 차지하는 것이 「문헌지장편(文獻指掌編)」이다. 여기서는 단군조선에서부터 고려시대에 이르기까지 역대 왕조의 연혁 및 각 부분에 있어서 관련 사항을 정리하고 있다. 그 서설에서 이유원은 "문헌지장(文獻指掌)은 『동국문헌비고』를 대갱(大羹)으로 하고 또

『동국통감』, 『동사회강』, 『여사제강』, 『해동역사』를 근간으로 하면서 널리 삼한양당송명(三漢兩唐宋明)의 여러 책과 선배 학자들의 논술을 채집하고 찬자가 약간의 말을 감미를 위한 재료로 삼으니 한때의 고거(考據)에 충분히 부응할 수 있을 것이다"라고 하여 역대의 여러 저술들을 종합하여 정리했음을 언명하고 있다. 여기서 과거의 역사지리에 관한 전문 저술과 『동국문헌비고』와 『해동역사』 등의 자료를 구득하여 이를 바탕으로 널리 백과적 지식을 확산시키고 있음을 볼 수 있다.

제 5 장

실학자들의 현실 대응 자세와 역사의식

조선 후기 역사학 분야에서의 발전은 실학자들의 역사의식의 변화와 이에 기초한 연구 방법론의 개발에 기인한 바가 크다. 주자학이 시대의 지배적인 사상으로 자리 잡은 채 변화하는 현실을 제대로 설명하거나 새로운 변화를 이끌어내지 못하는 상황에서 실학자들은 개혁적 문제의식과 역사관을 가지고 현실 문제를 바라보았다. 이러한 현실 인식과 문제의식은 조선 후기 실학자와 주자학자를 구별하는 지점이다. 실학자들의 진보적인 역사 인식과 이를 바탕으로 한 조선 후기의 역사학은 조선 전기의 교훈과 정치 중심의 역사학, 조선 중기의 성리학적 의리와 명분을 중시한 역사학과는 구별된다.

1

실학자들의 역사의식은 어떠하였는가

현실을 개혁해야 한다는 문제의식

조선 후기 제도의 개선에 관심을 가졌던 일군의 실학자들은 개혁안의 역사적 연원을 과거의 서책에서 찾았다. 이를 통해 중국과 한국의 역대 제도의 연혁을 고찰하거나 전고(典故)를 밝히려고 했다. 이들은 과거의 이상적 시대를 모범으로 삼아 현실의 사회개혁안에 투영함으로써 경세제민(經世濟民)의 이상을 실현하려고 했다. 이러한 경세치용의 개혁안은 유형원의 『반계수록(磻溪隨錄)』, 유수원(柳壽垣)의 『우서(迂書)』, 정약용의 『경세유표(經世遺表)』 등의 사회개혁서에서 잘 나타나 있다.

한편 홍대용 이래 연행을 통해 중국을 방문했던 박지원, 이덕무, 유득공, 박제가 등은 중국의 발전된 모습을 직접 눈으로 보고 나서 낙후된 조선의 현실을 반성하면서 이용후생의 개혁안을 구상했다. 이들 북학파 인물들은 오랑캐라고 여겼던 청나라의 발전과 당시 청나라에 유입된 서양 문명에 자극받아 수레, 선박, 벽돌 등 다양한 선진 기술을 도입하고 대외무역을 육성할 것을 주장했다. 박제가는 『북학의(北學議)』에서 북학파의 경제사상을 가장 체계적으로 정리했다.

경세치용과 이용후생의 개혁론은 기존의 제도와 문명에 대한 반성에서 출발한다. 실학자들은 비록 형식적으로는 고전을 인용하거나 과거의 개념으로 설명하고 있으나, 이들은 과거의 시대와 역사로 되돌아가는 것이 아니라 현실을 개혁하는 근거를 과거에서 차용하고 있을 뿐이다. 실학자들의 최종적 목표는 현실의 개혁과 새로운 이상사회를 건설하는 것이었다.

역사 발전과 진보에 대한 믿음

실학자들은 사관(史觀) 면에서 역사의 발전과 진보를 인식하기 시작했다. 이익은 역사의 성공과 실패는 처한 바의 '형세(形勢)'에 따라 살펴야 한다고 주장했다. 그리고 역사는 도덕과 분리되어 객관적으로 움직여 나간다고 생각했다. 이익은 형세와 인간 행위가 통일적으로 작동함으로써 역사가 전개된다고 보았다. 역사의 운영 원리로 이전 시기의 지배적인 도덕 관념과는 다른 '형세'라는 개념을 발견했다. 정약용은 이익보다 더욱 적극적으로 역사에서의 진보를 역설했다. 그는 시대가 흐르면 흐를수록 기예는 발전한다는 기술문화의 발전관을 가지고 있었다. 또한 역사 형성의 요소로 지리적 요인이나 환경적 원인을 중시했다. 실학자들 사이에서 역사에 대한 발전과 진보관이 차츰 확대되었으며, 최한기는 순환성과 변화성을 총괄하는 의미의 운화(運化)라는 개념을 통해 새로운 조선문명(文明)의 개화(開化)를 역사의 방향으로 제시했다.

동양의 전통사회에서는 역사에서의 발전관이 그다지 나타나지 않았다. 오히려 역사는 일정하게 순환하며 전개된다는 것이 일반적인 관념이었다. 따라서 실학자들이 역사에서 발전과 진보를 인식하기 시작한 것은 중요한 변화였다. 이는 실학자들이 정치적 교훈과 도덕적 선악에 따라 역사를 평가하기보다 역사에 작동하는 다른 운영 원리를 인지하기 시작했다는 것을 의미한다.

존화적 화이관의 탈피

조선 후기에는 세계지리 지식이 확대되면서 중국을 중심으로 생각하는 존화적(尊華的) 화이관에서 벗어나 문화를 기준으로 한 화이관이 나타나기 시작했다. 이에 따라 중화와 이적을 판별하는 기준으로 혈연적 측면보다 문화적 우열을 강조하기 시작했다. 만이로 간주되었던 요, 금, 원나라와 소중화(小中華)를 자임했던 우리나라의 위상도 재평가될 수밖에 없었다.

17세기 이전까지 조선의 세계지리 인식은 중화적 세계관이 반영된 『산해경』이나 『수경(水經)』에 바탕을 둔 각종 지리지에 의해 형성되었다. 당시 유학자들은 주자학적 정통관과 화이사상에 입각하여 세계를 이해했다. 이는 중세적 천문관의 기본이 되었던 천원지방설(天圓地方說)과 밀접하게 연관되어 있다. 천원지방설에 따르면 세상의 중심은 하나이며, 그것은 중국이었다.

그러나 서양의 사정을 각종 번역서와 지리서를 통해 알게 되자 차츰 중화적 세계관에서 벗어나 독자적인 조선 문명의 가치를 발견하기 시작했다. 특히 과학과 천문학에 관심이 많았던 실학자들은 새로운 지식을 바탕으로 차츰 존조선적(尊朝鮮的) 역사 인식으로의 전환을 보여주고 있다.

17세기 실학의 개조인 유형원만 하더라도 명에 대한 의리의식을 여전히 강하게 갖고 있어 명나라를 중심으로 생각하는 존명적 화이관에 큰 변화를 보이지 않았다. 이때만 하더라도 명에 대한 부채의식과 중화적 존명의식이 여전히 맹위를 떨치고 있었음을 볼 수 있다.

실학자 가운데 화이관의 변화가 명확하게 보이는 것은 18세기 전반의 이익이었다. 이익은 "중화를 높이고 이적을 천시하는 것은 아무런 의미가 없다"고 하면서 우리의 개체성을 강조하기에 이르렀다. 서학의 천문서를 읽은 이익은 지리적으로도 중국이 세계의 중심이 아니며 세계의 일부분임을 인지하고 있었다.

18세기 후반의 홍대용, 박지원, 박제가 등의 북학파 학자들은 명나라에 대한 의리를 지켜야 한다는 대명의리론(對明義理論)에서 완전히 벗어나지는 못했지만 이전의 주자학적 화이론과는 달리 문화적 화이론을 주장했다. 홍대용은 "중화와 오랑캐가 다를 것이 없다"고 하면서 유교의 척도로 보면 상호 간에 존비관계가 없다고 말할 정도였다. 그리고 땅이 둥글고 스스로 돌기 때문에 지리적인 화이 구별은 있을 수 없다고 했다. 홍대용은 북학자 가운데 기존의 종족적·지리적 화이관에서 가장 멀리 벗어나 있었다. 홍대용은 연행을 통해 청 문물의 번영을 목도하고서 차츰 소중화적 세계관을 청산하게 되었다. 박지원과 박제가는 북벌론 등의 허구성을 지적하고, 청 조정과 문물을 분리하여 오히려 청나라의 좋은 점을 배워야 한다고 주장했다.

19세기 전반 정약용은 화이를 판별하는 기준으로 종족이나 지리가 아니라 문화를 제시했다. 정약용은 이러한 문화관을 통해 조선 문화의 독자성을 강조하는 논리를 발전시키고 있다.

실학의 각 유파에서는 차츰 중국을 중심으로 하는 존주적

(尊周的) 화이관에서 벗어나기 시작했다. 19세기가 되면 전통적인 중국 중심의 종족적·지리적 차별의식을 극복하고 조선 문명의 독자성을 자각하기 시작했으며, 이는 우리나라의 고유한 역사와 문화에 대한 자부심으로 나타났다. 다만 조선 문명에 대한 자각에도 불구하고 정치적·종족적 화이 인식의 구도를 뛰어넘는 데는 한계가 있었다.

민족 중심의 세계관 구축

실학자들은 민족 중심의 새로운 세계관에 눈을 뜨면서 대등한 국제 질서를 상정했다. 실학자들은 민족 시조로서 단군을 역사 서술의 첫머리에 두는 것을 당연하게 여겼다. 또한 민족의 활동과 역사를 중국과는 분리된 독립적인 세계로 설정하려고 했다. 이에 따라 한반도의 위치와 지형이 주목을 받게 되었고, 단군과 기자가 민족의식과 자존의식의 상징으로 부각되었다. 이때까지만 하더라도 조선과 중국은 조공-책봉 관계라는 정치적 상하가 존재했다. 실학자들은 과거 역사에서의 수평적이고 대등한 양상을 보여줌으로써 상하관계를 부정하고 대등한 국제 질서 속에서 세계를 보려고 했다. 이익이 중국이라는 나라는 큰 땅 가운데 한 조각에 불과하다고 선언한 것도 이러한 대등한 국제 질서를 상정한 결과이다.

이러한 관점을 역사서로 정리한 대표적인 인물이 이종휘,

박지원, 정약용 등이다. 이종휘는 민족 역사의 시작을 단군으로 설정하고 단군을 중국의 복희(伏羲)나 신농(神農)과 같은 존재로 보았다. 그리고 단군과 이에 신속한 부여, 옥저, 비류 등을 우리 고대사의 주류로 간주했다. 조선 후기 역사가 가운데 단군에 역사적 의미를 가장 적극적으로 부여했다. 박지원은 아예 기자를 중국과 대립되는 세력으로 간주했다. 박지원은 기자가 처음에는 요서에 도읍을 두었다가 연나라에 밀려 차츰 동방으로 나왔으며, 요동을 거쳐 나중에는 대동강 변으로 나가게 되었다고 보았다. 정약용은 더 나아가 우리 상고기 역사에서 명멸하는 많은 부족들의 민족적 순수성을 발견하고 조선 민족의 개별성에 주목했다.

조선 후기 단군으로부터 이어지는 민족의 순수성과 개별성에 대한 강화된 인식은 후일 제국주의 침략에 맞서 민족적 자주성과 독립성을 주장하는 사상적 기초가 되었다.

2
실학자들의 역사지리 연구가 이룩한 학문적 업적

　조선 후기 사회는 역동적인 변화를 맞고 있었지만 집권층은 여전히 주자학을 바탕으로 한 도덕적 명분론, 중화 중심의 화이론, 성리학적 정통론에 입각한 역사의식을 지니고 있었다. 그렇지만 이 시기에는 일부 선각적인 실학자들을 중심으로 농촌의 생산력 확대에서 해외의 선진적인 기술 도입에 이르기까지 강하고 근대화된 국가로의 발전을 추구하게 되었다. 이들은 사회개혁을 통해 부국강병을 이루려는 문제의식을 가지고 있었다.

　실학자들은 사회정책적 측면에서 새로운 변화를 추구했으나 현실에서는 그다지 정책에 개입할 힘을 갖지 못했다. 그리하여 이들은 주로 학문 분야에서 사회개혁과 부국강병을 달성하기 위해 제도의 문제점을 지적하고 연구하는 데 일생을 바치게 되었다. 이러한 제도적 문제에 대한 주목은 자연히 과거의 역사와 지리에 대한 관심과 연구로 이어졌다. 그 가운데 역사학 분야에서는 전통의 재발견을 통한 전문적인 역사 연구 및 정리가 이루어졌다. 특히 이 시기에 가장 큰 고증적 연구 성과를 보여준 역사지리 분야는 고도의 학문적 수련과 자료 수집을 필요로 하는 학문 분과였다. 이들은 역사와 역사지리에 대한 연구를 수행하여 역사학을 경학으로부터 분리하여 전문화된 학문 분과로 발전시켰다.

이 시기 실학자들은 역사 연구에서 객관성과 자주성을 강조했다. 조선 전기까지만 하더라도 이전의 역사 논평을 재인용하거나 이념적 논평을 하는 것이 역사 연구의 주된 내용이었다면, 실학자들은 관련 사료를 종합하여 판단하거나 형세와 지리적 여건 등을 비교하여 결론을 도출하는 등 학문적으로 진일보한 모습을 보여주었다. 특히 역사지리 분야는 고증을 위주로 하는 학문적 특성으로 인해 여러 자료를 비교하여 시비를 가리는 과정에서 엄밀한 학문 방법을 견지하는 발전적인 면모를 보여주었다.

한편 우리나라 고대사를 보는 시각에서는 중국과 조선의 관계를 화(華)와 이(夷)로 보는 화이관에서 벗어나 독자적인 한국사의 발전을 인식하게 되었다. 또한 기자가 교화를 베푼 군주라고 생각했던 기자정통론에서 벗어나 단군을 최초의 정통성을 가진 군주로 인식했다. 또한 남북이 각기 별개로 발전했다는 남북이원발전론과 함께 기자를 계승한 삼한 혹은 마한을 역사의 정통으로 보는 삼한정통론을 제시하는 등 한국사의 다양한 전개 과정을 발견했다. 실학자들은 유교 문명의 전래자이자 교화를 베푼 군주로 기자를 존숭하던 데서 벗어나 차츰 민족의 계통적 발전을 중시했으며 이에 상응하여 단군과 발해에 주목했다. 지역적으로는 평안도와 함경도, 양안의 국경 지역, 요동과 영고탑 지역 등이 관심과 연구의 대상이 되었다. 실학자들은 도덕적 포폄을 위주로 한 역사 해석에서 벗어나 역사적 사실을 발견하려고 했으며, 그 가운데 지명이나 지리 고증은 이러한 새로운 학문적 추세를 가장 잘 반영하는 것이었다.

역사의 변수에 대한 이해에서는 정통론이 여전히 중요한 기준이었지만 역사지리를 연구하는 학자들은 지리, 풍토, 문화 등의 요소들을 고려하기 시작했다. 지리만 하더라도 실학자들의 개혁적 역사 인식이 반영되면서 『동국여지지』를 비롯한 전국지와 각 지역의 읍지가 실학파의 개혁론을 수렴하여 편찬되었다. 이는 실학자들이 역사 발전에서의 다원성을 인정하기 시작한 것이라 하겠다. 현실 지리 세계에서도 형이상학적 관점에서 벗어나 있는 그대로의 형태가 반영된 다양한 지도를 편찬했다.

실학자들은 역사를 전문적으로 연구하면서 다양한 사료

들을 접했고, 이에 따라 자료들 사이의 모순을 발견했다. 거대한 장서가와 수집가의 출현으로 중국과 국내 자료들을 확보하면서 역사지리 연구에서 자료에 대한 고증적 접근이 가능해졌다. 이에 따라 조선 중기에는 『요사』나 『금사』, 조선 후기에는 중국에서 간행된 고증적 저술까지 이용하면서 역사지리 연구가 진행되었다. 그 결과 조선 전기에 비해 시기적으로는 단군조선에서부터 고구려와 발해, 지역적으로는 북관 지역을 포함하여 요동 일대까지 확대된 강역의식을 가지게 되었다.

그런데 조선 후기 역사 연구에 뛰어난 업적을 남긴 실학자들은 관부에서 지원을 받았던 조선 전기와는 달리 오직 개인이 일생을 바쳐 연구했다. 조선 전기 관학자들은 주로 관부의 지원 속에서 관찬으로 역사서를 편찬했다면, 실학자들은 안정복의 『동사강목』, 이긍익의 『연려실기술』, 한치윤의 『해동역사』 등에서 볼 수 있듯이 별다른 관부의 지원도 없이 개인의 학문적 관심과 개성에 따라 연구를 진행했다. 이들의 학술운동은 조선 전기 관부에서 진행되었던 것과는 달리 이제 개인이 일생을 두고 연구하는 개인적인 저술활동으로 전개되었음을 의미한다.

실학자들의 역사 저술에는 시대적 문제에 대한 사회적 각성에 따라 경세적인 경향이 강하게 나타났다. 역사지리 연구는 이러한 경세적 경향 가운데 영토와 관방에 대한 각성에서 출발하여 과거의 영역으로까지 확장시킨 분야라고 할 수 있다. 그리고 조선 문명에 대한 자각으로 역사지리 저술에는 한국의 독자적인 문화와 그 전통을 재발견하려는 의식이 고조되었다. 역사 연구의 방법과 내용에 있어서는 고증적이고 합리적인 연구가 나타나기 시작했다. 따라서 근대 역사학의 학문적·정신적 토대는 이미 조선 후기 실학자들의 역사지리에 대한 문제의식과 그 연구에서 구축되었다.

참고문헌

- 강석화, 『조선후기 함경도와 북방영토의식』, 경세원, 2000.
- 경기문화재단 실학박물관 편, 『실학자들의 한국 고대사 인식』, 2012.
- 박인호 외, 『실학, 조선의 르네상스를 열다』, 사우, 2018.
- 박인호, 『조선시기 역사가와 역사지리인식』, 이회문화사, 2003.
- 박인호, 『조선후기 역사지리학 연구』, 이회문화사, 1996.
- 박인호, 『한국사학사대요』, 이회문화사, 1996; 3판, 2001.
- 배우성, 『조선후기 국토관과 천하관의 변화』, 일지사, 1998.
- 임상선 편, 『한국고대사 계승인식(1) - 전근대편 - 』, 동북아역사재단, 2019.
- 정구복, 『한국근세사학사』, 경인문화사, 2008.
- 정창렬, 『민족 문제와 역사 인식』(정창렬저작집3), 선인, 2014.
- 조광, 『조선후기 사회의 이해』, 경인문화사, 2010.
- 조동걸 외, 『한국의 역사가와 역사학』, 창비, 1994.
- 조성을, 『조선후기 사학사연구』, 한울아카데미, 2004.
- 한영우, 『조선후기사학사연구』, 일지사, 1989.

- 박인호, 「동국통감제강에 나타난 홍여하의 역사인식」, 『퇴계학과 유교문화』 54, 2014.

- 박인호, 「동사세가에 나타난 홍석주의 역사인식」, 고혜령 외, 『조선시대의 사상과 문화』, 집문당, 2003.
- 박인호, 「동사찬요에 나타난 오운의 역사지리인식」, 『퇴계학과 한국문화』 40, 2007.
- 박인호, 「만주를 보는 근대 동아시아 삼국의 시각」, 『한국사학사학보』 42, 2020.
- 박인호, 「성호학파의 역사인식과 역사학 – 연구 성과와 방향 – 」, 『성호학보』 16·17 합, 2015.
- 박인호, 「일본인의 한국인식과 역사왜곡」, 『청계사학』 16·17, 2002.
- 박인호, 「전통시대 중국 지리서에 나타난 고구려인식」, 『한국사학사학보』 15, 2007.
- 박인호, 「전통시대의 고구려·발해인식」, 『한국독립운동사연구』 23, 2004.
- 박인호, 「전통시대의 백제인식 – 백제의 흥망에 대한 인식을 중심으로 – 」, 『역사교육논집』 46, 2011.
- 박인호, 「전통시대의 신라인식」, 『역사교육논집』 40, 2008.
- 박인호, 「중국고금역대연혁지도에 나타난 권구의 역사인식」, 『조선시대사학보』 4, 1998.
- 박인호, 「해동역사와 해동역사속에 나타난 상고사 계승 인식」, 임상선 편, 『한국고대사 계승인식(1)』, 동북아역사재단, 2019.
- 박인호, 「해동잡록에 나타난 권별의 역사인식」, 『퇴계학과 유교문화』 52, 2013.

- 미야케 히데토시(三宅英利), 하우봉 옮김, 『역사적으로 본 일본인의 한국관』, 풀빛, 1990.

찾아보기

ㄱ

가마쿠라(鎌倉) 32
가쓰라야마 사이간(桂山彩巖) 44
간도(間島) 50, 51
『강계고(疆界考)』 62, 76, 94, 125, 138
강도회맹(江都會盟) 48
『강북일기(江北日記)』 54
〈강역관방도설(疆域關防圖說)〉 116, 117
강재항(姜再恒) 77
『경세유표(經世遺表)』 207
『고려사(高麗史)』 89, 174, 176
『고문비략(顧問備略)』 59
『고사기(古事記)』 31, 33, 35
〈고산천부고(古山川附考)〉 18

공험진(公險鎭) 59
『군현제(郡縣制)』 108
권근(權近) 42, 70, 75, 141
권람(權擥) 106, 152
권문해(權文海) 84, 100
권별(權鼈) 95
『금사(金史)』 13, 25, 69, 78, 170, 195, 217
『기년아람(紀年兒覽)』 143, 185, 193, 195
김교헌(金敎獻) 102, 153
김노규(金魯奎) 61
김류(金崙) 28
김부식(金富軾) 70, 203
김수홍(金壽弘) 117
김육(金堉) 84

221

김정호(金正浩) 29, 82, 161, 194
김택영(金澤榮) 29

ㄴ

나라(奈良) 31, 32
남구만(南九萬) 19, 28, 111, 121, 140, 142, 147, 150
누르하치(奴兒哈赤) 48

ㄷ

『대동수경(大東水經)』 61, 171, 187, 190
『대동역사(大東歷史)』 153
『대동운부군옥(大東韻府群玉)』 84
『대동지지(大東地志)』 82
『대명일통지(大明一統志)』 12, 27, 69
『대일본사(大日本史)』 38
『대청일통지(大淸一統志)』 13, 14, 20, 28, 29, 69, 81, 145, 147, 155, 170, 171, 174, 176, 180, 195
『대한강역고(大韓疆域考)』 61
도요토미 히데요시(豊臣秀吉) 32, 34
도쿠가와 미쓰쿠니(德川光國) 38

독도(獨島) 55, 62
『동국문헌비고(東國文獻備考)』 28, 63, 64, 76, 78, 126, 131, 146, 170, 176, 186, 187, 194, 198, 203, 204
『동국사략(東國史略)』 70, 107
〈동국삼한사군고금강역설(東國三韓四郡古今疆域說)〉 111, 185
『동국여지승람(東國輿地勝覽)』 12, 14, 38, 46, 85, 88, 89, 141, 192
「동국여지잡기(東國輿地雜記)」 124, 150
『동국여지지(東國輿地志)』 76, 109, 120, 216
『동국역대총목(東國歷代總目)』 94, 113, 126
『동국역사가고(東國歷史可考)』 109
〈동국지리기의(東國地理紀疑)〉 138
『동국지리지(東國地理誌)』 58, 75, 84, 138
『동국통감(東國通鑑)』 36, 37, 38, 40~42, 44, 45, 46, 70, 87, 107, 141, 204
『동국통감제강(東國通鑑提綱)』 75,

99, 103, 108

『동국통지(東國通志)』82, 153, 196

『동문광고(同文廣考)』58, 100, 126, 148, 193

〈동방국도고(東方國都考)〉93, 94

동병충(董秉忠) 15

『동사(東事)』58, 100, 140, 142, 185

『동사강목(東史綱目)』76, 131, 132, 145, 146, 193, 195, 217

〈동사괴설변(東史怪說辯)〉109

『동사례(東史例)』109, 132

『동사변의(東史辨疑)』185

〈동사변증(東史辨證)〉111, 140

『동사세가(東史世家)』172, 181

『동사약(東史約)』193

『동사절요(東史節要)』98

『동사찬요(東史纂要)』75, 86, 90, 98, 99, 141

『동사평증(東史評証)』77

『동사회강(東史會綱)』120, 126, 141, 150, 204

『동여도지(東輿圖志)』194

『동한사략(東韓史略)』41

『동환록(東寰錄)』71, 81, 82, 199

ㅁ

『만기요람(萬機要覽)』64, 162

『만주원류고(滿洲源流考)』14, 22, 70

메이지(明治) 40

『명사고(明史藁)』44

모토오리 노리나가(本居宣長) 35

목극등(穆克登) 49, 51, 191

『목옹지지(木翁地志)』126

무로마치(室町) 32

『문헌비고간오(文獻備考刊誤)』173

『문헌찰요(文獻撮要)』71

『문헌통고(文獻通考)』21

『미수기언(眉叟記言)』142

미야케 간란(三宅觀瀾) 38

미토(水戶) 34

ㅂ

박권(朴權) 49

박자진(朴自振) 109

박제가(朴齊家) 207, 208, 211

박주종(朴周鍾) 82, 153, 196

박지원(朴趾源) 28, 154, 195, 196, 207, 211, 213

『반계수록(磻溪隨錄)』207

『발해고(渤海考)』 61, 154, 195
「방여총지(方輿總志)」 194
백두산(白頭山) 49
『본조통감(本朝通鑑)』 36
『본조편년록(本朝編年錄)』 36
『부부고(覆瓿考)』 138
『북관기사(北關記事)』 61
『북로기략(北路紀略)』 61
『북새기략(北塞記略)』 61
『북여요선(北輿要選)』 61
『북학의(北學議)』 208
『북행수록(北行隨錄)』 61
분계강(分界江) 61
『빈일쇄록(賓日鎖錄)』 126

ㅅ
『사군고(四郡攷)』 61, 163
『사군지(四郡志)』 61, 154
『사대고례(事大考例)』 190, 191
『삼국사기(三國史記)』 32, 33, 40~42, 70, 89, 141, 174, 176
『삼국유사(三國遺事)』 87, 97
『삼한기략(三韓紀略)』 41
서명응(徐命膺) 79

서상무(徐相懋) 54
서영보(徐榮輔) 59, 61, 64, 80, 162
선춘령(先春嶺) 59, 60
〈성경여지도기(盛京輿地圖記)〉 19
『성경통지(盛京通志)』 13, 14, 23, 28, 29, 69, 70, 81, 147, 171, 172, 176, 195, 203
성해응(成海應) 28, 63, 64, 80, 147, 161, 168
『성호사설(星湖僿說)』 118
『소문쇄록(謏聞鎖錄)』 141
『속일본기(續日本紀)』 31, 40
송화강(松花江) 50, 51
『수향편(袖香編)』 71
숙신(肅愼) 24
신경준(申景濬) 28, 59, 60, 63, 64, 76, 78, 94, 125, 132, 138, 143, 147, 150, 160, 195
『신단실기(神檀實記)』 153
신라산(新羅山) 19
신채호(申采浩) 102
신헌(申櫶) 194
심상규(沈象奎) 64
쓰지 단테이(辻端亭) 37

ㅇ

아계(阿桂) 15, 23

『아국여지도(俄國輿地圖)』 54

아라이 하쿠세키(新井白石) 33, 34

『아방강역고(我邦疆域考)』 58, 61, 171, 181, 187

아사카 단파쿠(安積澹泊) 38

아즈치모모야마(安土桃山) 32

안용복(安龍福) 56, 62~64

안정복(安鼎福) 76, 78, 80, 131, 144~147, 160, 193~195, 217

어윤중(魚允中) 51

『어융개언(馭戎槪言)』 35

에도(江戶) 32, 36, 39~41, 44, 45

『여도비지(輿圖備志)』 194

〈여박진사자진논동국지지(與朴進士自振論東國地志)〉 109, 132, 141, 142

『여사제강(麗史提綱)』 204

여요증(呂耀曾) 15

『역년통고(歷年通考)』 93, 126

〈역대전통지도(歷代傳統之圖)〉 113

〈역대건도지도(歷代建都之圖)〉 113, 115

역사지리학(歷史地理學) 73

『연경재집(研經齋集)』 168

『연려실기술(燃藜室記述)』 63, 124, 142, 153, 193, 217

『열하일기(熱河日記)』 154

오운(吳澐) 75, 86, 90, 110

왕유돈(汪由敦) 15

왕하(王河) 15

왕홍서(王鴻緒) 44

『요동지(遼東志)』 12, 27, 60, 69

『요사(遼史)』 13, 19, 25, 28, 29, 69, 78, 81, 110, 147, 155, 159, 161, 171, 172, 174, 176, 180, 184, 195, 203, 217

요시다 쇼인(吉田松陰) 33

『용비어천가(龍飛御天歌)』 60

『우서(迂書)』 207

『운곡잡저(雲谷雜櫧)』 81, 189

울릉도(鬱陵島) 55, 62

〈울릉도쟁계(鬱陵島爭界)〉 63

위백규(魏伯珪) 79, 148

『위사(緯史)』 79

위추(魏樞) 15

유광익(柳光翼) 121, 139, 142, 143

225

유득공(柳得恭) 28, 61, 154, 161, 195, 196, 203, 207
『유산필기(酉山筆記)』 81, 186
유성룡(柳成龍) 90
유수원(柳壽垣) 207
『유암총서(柳菴叢書)』 81, 189
『유원총보(類苑叢寶)』 84
유형원(柳馨遠) 28, 63, 76, 108, 120, 141, 142, 147, 207, 210
유희령(柳希齡) 98
윤관(尹瓘) 59, 60, 147, 163
윤동규(尹東奎) 124
윤정기(尹廷琦) 29, 71, 81, 82, 132, 196, 199
『응제시주(應制詩註)』 106, 152
이강회(李綱會) 81, 188
이규경(李圭景) 59
이규원(李奎遠) 57
이긍익(李肯翊) 63, 64, 121, 124, 153, 193, 217
이덕무(李德懋) 143, 160, 207
이도재(李道宰) 54
이돈중(李敦中) 28, 58, 79, 100, 126, 148, 193

이만승(李萬升) 126
이만운(李萬運) 28, 80, 143, 160, 185, 193, 195
이맹휴(李孟休) 63, 64
이범윤(李範允) 54
이선부(李善溥) 49
이세구(李世龜) 28, 111, 121, 150
이수광(李睟光) 84, 142, 148
이영(李泳) 126
이원익(李源益) 80, 193
이유원(李裕元) 71, 203
이유장(李惟樟) 98
이이명(李頤命) 116, 132
이익(李瀷) 59, 64, 118, 196, 198, 208, 210
이종휘(李種徽) 78, 121, 124, 148, 150, 187, 196, 198, 212, 213
이중하(李重夏) 51
이중환(李重煥) 59, 103, 203
이첨(李詹) 117, 132
이청(李晴) 81, 190
『이칭일본전(異稱日本傳)』 192
이토 도가이(伊藤東涯) 41
이토 진사이(伊藤仁齋) 41

이파한(伊把漢) 15
『일본서기(日本書紀)』 30, 31, 33~35, 38, 40, 42, 192
임나일본부(任那日本府) 31, 33, 45
임상덕(林象德) 120, 126, 142, 150, 187
『임하필기(林下筆記)』 71, 203

ㅈ

〈자열패대사수변의(訾列浿帶四水辨疑)〉 124
『자치통감(資治通鑑)』 36
장지연(張志淵) 29, 61, 132
『정관편(井觀編)』 81, 193
정극후(鄭克後) 93, 121, 126
정동유(鄭東愈) 61
정약용(丁若鏞) 29, 58, 59, 61, 79, 80, 95, 148, 161, 171, 181, 186, 187, 194, 196, 199, 203, 207, 208, 211, 213
정원용(鄭元容) 61, 71
정윤용(鄭允容) 61
정학연(丁學淵) 81, 186, 199
〈제고구려지도후(題高句麗地圖後)〉 117
〈제백제지도후(題百濟地圖後)〉 117
『제왕운기(帝王韻紀)』 87, 97, 101
〈조선팔도고금총람도(朝鮮八道古今摠覽圖)〉 117
『증정문헌비고(增訂文獻備考)』 28, 78, 117, 143, 146, 147
『지봉유설(芝峯類說)』 84, 141, 148
진구(神功)황후 30~35, 37, 192

ㅊ

천주산(天柱山) 19, 25
『청장관전서(靑莊館全書)』 143
『체론유편(體論類編)』 203
최석정(崔錫鼎) 150
최성환(崔瑆煥) 59, 194
최치원(崔致遠) 42, 141
최한기(崔漢綺) 194, 209

ㅌ

『탐라직방설(耽羅職方說)』 189
『댁리지(擇里志)』 103
토문강(土門江) 50, 51, 60

ㅍ

『패관잡기(稗官雜記)』140
『표제음주동국사략(標題音註東國史略)』98, 99
『풍암집화(楓巖輯話)』124, 139
『필원잡기(筆苑雜記)』141

ㅎ

하야시 가호(林鵞峰) 36, 37, 44
하야시 라잔(林羅山) 36, 37
하야시 슌사이(林春齋) 34
하야시 호코(林鳳岡) 44
한백겸(韓百謙) 58, 75, 84, 93, 109, 120, 123, 138, 141~143, 174, 193, 198
한진서(韓鎭書) 29, 132, 161, 172, 175, 176, 185, 186, 194
한치윤(韓致奫) 71, 161, 172, 176, 185, 186, 217

『해동역사(海東繹史)』71, 161, 172, 176, 185, 204, 217
『해동잡록(海東雜錄)』95
허목(許穆) 58, 100, 140, 142, 185
헤이안(平安) 32
『현주만록(玄洲漫錄)』189
홍경모(洪敬謨) 29, 80, 185
홍대용(洪大容) 207, 211
홍만종(洪萬宗) 113, 126, 203
홍석주(洪奭周) 172, 181
홍양호(洪良浩) 59, 60, 61, 143
홍여하(洪汝河) 75, 99, 100, 103
홍의영(洪儀泳) 61
홍타이지(皇太極) 48, 49
『환영지(寰瀛誌)』79, 148
『황극경세서동사보편통재(皇極經世書東史補編通載)』140
『휘찬여사(彙纂麗史)』75, 100, 103
히토미 호쿠유우(人見卜幽) 38

박인호(朴仁鎬)

경북대학교 사학과를 졸업하고 한국학중앙연구원 한국학대학원에서 석사·박사 학위를 취득했다. 현재 금오공과대학교 교양교직과정부 교수로 재직하고 있다. 인물과 책에 보이는 당대 현실에 대한 문제의식과 미래를 향한 역사의식의 구명을 일생 공부의 화두로 삼고 있다. 또한 지역 대학에 봉직하면서 해당 지역의 역사와 문화를 학술적으로 소개하는 작업을 지속하고 있다.

사학사 관련 저서로는 『조선시기 역사가와 역사지리 인식』(이회문화사, 2003), 『한국사학사대요』(이회문화사, 1996), 『조선후기 역사지리학 연구』(이회문화사, 1996) 등이 있다. 지역사 관련 저서로는 『인재 최현』(애드게이트, 2021), 『구미의 역사와 문화』(영한, 2020), 『영남 남인의 정치 중심 돌밭, 칠곡 귀암 이원정 종가』(예문서원, 2015), 『제천 지역사 연구』(이회문화사, 2005) 등이 있다.

동북아역사재단 교양총서 06
*실학자들은 우리나라 역사지리를
어떻게 보았는가*

제1판 1쇄 발행일 2021년 3월 31일

지은이 박인호
발행인 이영호
발행처 동북아역사재단

출판등록 제312-2004-050호(2004년 10월 18일)
주소 서울시 서대문구 통일로 81, NH농협생명빌딩
전화 02-2012-6065
팩스 02-2012-6189
홈페이지 www.nahf.or.kr
제작·인쇄 역사공간
디자인 역사공간

ISBN 978-89-6187-623-0 04910
       978-89-6187-406-9 (세트)

• 이 책은 저작권법에 의해 보호를 받는 저작물이므로 어떤 형태나 어떤 방법으로도 무단전재와 무단복제를 금합니다.
• 책값은 뒤표지에 있습니다. 잘못된 책은 바꾸어 드립니다.